西安汽车职业大学职业本科创新系列规划教材

汽车文化与养护

主编 文玉芳 王 放 王丽妲

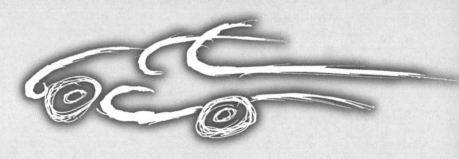

西安交通大学出版社
XI'AN JIAOTONG UNIVERSITY PRESS

图书在版编目(CIP)数据

汽车文化与养护/文玉芳,王放,王丽妲主编.—西安:西安交通大学出版社,2024.4
ISBN 978-7-5693-3670-2

Ⅰ.①汽… Ⅱ.①文… ②王… ③王… Ⅲ.①汽车—文化②汽车—车辆保养 Ⅳ.①U46-05②U472

中国国家版本馆 CIP 数据核字(2024)第 045957 号

书　　名	汽车文化与养护 QICHE WENHUA YU YANGHU
主　　编	文玉芳　王　放　王丽妲
副 主 编	史　楠　焦文斌　杨维娜　苏玉来
责任编辑	李佳
责任印制	刘攀
责任校对	王娜
出版发行	西安交通大学出版社 (西安市兴庆南路1号　邮政编码 710048)
网　　址	http://www.xjtupress.com
电　　话	(029)82668357　82667874(市场营销中心) (029)82668315(总编办)
传　　真	(029)82668280
印　　刷	西安明瑞印务有限公司
开　　本	787 mm×1092 mm　1/16　印张 15.5　字数 321 千字
版次印次	2024 年 4 月第 1 版　2024 年 4 月第 1 次印刷
书　　号	ISBN 978-7-5693-3670-2
定　　价	45.00 元

如发现印装质量问题,请与本社市场营销中心联系。
订购热线:(029)82667874
投稿热线:(029)82668818
读者信箱:19773706@qq.com

版权所有　侵权必究

前　言

随着经济社会的快速发展、居民收入水平的提高、生活质量和交通条件的改善,汽车已成为我国普通家庭生活、出行、谋生的现代化工具。据统计,2022年全国机动车保有量达4.17亿辆,其中汽车3.19亿辆;机动车驾驶人达5.02亿人,其中汽车驾驶人4.64亿人。2022年全国新注册登记机动车3478万辆,2923万人新领驾驶证。

了解汽车的基本知识,掌握汽车的维护与保养技能,已成为新时代大学生就业前必须掌握的基本能力。本书面向职业本科及高职院校的汽车类专业低年级学生,可以有效培养学生的专业兴趣,使其掌握汽车产业的发展动态,也可促进学生学习其他专业课程。许多职业本科、高职院校的非汽车专业也都已经开设了汽车相关的公共选修课程,学习汽车知识可以提高学生的综合素质以及就业竞争力。

本书主要分为汽车文化篇和汽车养护篇,汽车文化篇系统介绍了汽车发展简史、汽车工业发展、世界汽车主要公司、汽车基本认识、现代汽车科技;汽车养护篇系统介绍了汽车的日常养护、汽车发动机的养护、汽车底盘的养护、汽车电气设备的养护。书中内容丰富、覆盖面广、科学实用。书中有大量插图,直观明了、通俗易懂。

本书由西安汽车职业大学文玉芳、王放、王丽姐主编,史楠、焦文斌、杨维娜、苏玉来担任副主编。在书稿写作过程中,参考了一些相关文献,在此对这些资料的作者表示感谢。

由于作者水平有限,书中难免存在不足或疏漏,恳请广大读者批评指正。

编　者

目 录

第一篇 汽车文化 1

第1章 汽车发展简史 2
- 1.1 蒸汽汽车时代 2
- 1.2 电动汽车时代 3
- 1.3 燃油汽车时代 4

第2章 汽车工业发展史 9
- 2.1 世界汽车工业发展史 9
- 2.2 中国汽车工业发展史 16

第3章 世界著名汽车公司 22
- 3.1 德国主要汽车公司 23
- 3.2 法国主要汽车公司 38
- 3.3 美国主要汽车公司 49
- 3.4 中国主要汽车公司 56
- 3.5 日本主要汽车公司 74
- 3.6 韩国主要汽车公司 79
- 3.7 印度主要汽车公司 81

第4章 汽车的基本知识 85
- 4.1 汽车的定义与分类 85
- 4.2 汽车产品型号 89
- 4.3 车辆识别代号 91
- 4.4 汽车基本结构 94

第5章 现代汽车科技 114
- 5.1 汽车电子化 114
- 5.2 汽车网络化 117

5.3 新能源汽车 ·········· 119

5.4 智能网联汽车 ·········· 132

第二篇 汽车养护 ·········· 141

第6章 汽车的日常养护 ·········· 142

6.1 机油的检查 ·········· 142

6.2 冷却液的检查 ·········· 148

6.3 制动液的检查 ·········· 154

6.4 玻璃水的检查 ·········· 159

第7章 汽车发动机的养护 ·········· 163

7.1 机油及机油滤清器的更换 ·········· 163

7.2 空气滤清器的更换 ·········· 170

7.3 燃油滤清器的更换 ·········· 175

7.4 火花塞的更换 ·········· 181

7.5 节气门的清洗与匹配 ·········· 185

第8章 汽车底盘的养护 ·········· 190

8.1 汽车制动液的更换与排气 ·········· 190

8.2 制动片的检查与更换 ·········· 196

8.3 轮胎的检查与更换 ·········· 203

8.4 变速箱的维护与保养 ·········· 212

8.5 转向助力液的维护与保养 ·········· 217

第9章 汽车电气设备的养护 ·········· 221

9.1 空调滤清器的更换 ·········· 221

9.2 雨刮器的使用与养护 ·········· 227

9.3 灯光系统的使用与养护 ·········· 232

参考文献 ·········· 242

第一篇

汽车文化

第1章　汽车发展简史

教学目标

1. 了解蒸汽汽车时代的发展；
2. 了解电动汽车时代的发展；
3. 掌握燃油汽车时代的发展。

导入案例

汽车的发明促进了人类文明的进步,随着科技的发展和人们生活水平的日益提高,它已经融入我们的生活,影响着整个社会。同时汽车也是一种文化的体现,追寻汽车的足迹,我们看到了文明的演进、由技术驱动的社会变革和人类永不停止的创新和探索。

请问:你知道汽车的诞生日吗？世界上第一辆三轮汽车和第一辆四轮汽车的发明人分别是谁？

汽车作为现代常用的运输工具,经过一百多年的发展,已经成为现代社会生活中不可或缺的一部分。科技是第一生产力,人类为了提高生产和生活水平,不断追求创新突破,把科技发展的成果应用到汽车上。从最初的蒸汽机,到内燃机,再到现在日新月异的新能源、智能网联汽车,汽车产业的持续发展是人类追求美好生活的缩影。

1.1　蒸汽汽车时代

1769年,法国陆军工程师、炮兵大尉尼古拉斯·古诺经过研究,制造了世界上第一辆蒸汽驱动的三轮汽车,如图1.1所示。这是世界上第一辆蒸汽驱动的三轮汽车,也是第一辆完全凭借自身的动力实现行走的蒸汽汽车。这辆名为"卡布奥雷"号的蒸汽汽车,车架上放置着一个50 L像梨一样的大锅炉,车长7.32 m、高2.2 m、前轮直径1.28 m、后轮直径1.5 m,前进时靠前轮控制方向,每前进12～15 min需停车加热15 min,运行速度为3.5～3.9 km/h。前轮在控制驱动的同时还是转向轮,因为上面压着很重的锅炉,所以操纵转向杆非常费力。

图1.1 世界上第一辆蒸汽汽车

令人沮丧的是,在这辆蒸汽汽车的试车途中,由于操纵困难,下坡时撞到了石头墙上,值得纪念的世界上第一辆蒸汽汽车被撞得七零八落,成了一堆废铜烂铁,这也是世界上第一起机动车交通事故,如图1.2所示。

图1.2 世界上第一起机动车交通事故

1825年,英国人斯瓦底·嘉内制造了一辆18座的蒸汽公共汽车,车速为19 km/h,并开始了世界上最早的公共汽车运营。

后来,蒸汽机发展成为了铁道车辆和船舶常用的外燃动力源,人们开始为汽车寻找功率体积比、功率质量比更高的轻便动力装置。

1.2 电动汽车时代

美国人托马斯·达文波特于1834年制造出了第一辆由直流电动机驱动的电动车。1832—1838年,苏格兰人罗伯特·安德森发明了电驱动的马车,这是一辆用不能充电的初级电池驱动的车辆。1859年,法国人普兰特发明了世界上第一个可充电的铅蓄电池,为后来纯电动汽车的发展奠定了基础。

第一辆具有实际意义的纯电动汽车是由法国人古斯塔夫·特鲁夫在1881年制造的可充电的电动汽车,如图1.3所示。该汽车采用铅酸电池为动力,以直流电动机驱动。

1898年，德国人波尔舍发明了一台轮毂电动机，以替代当时在汽车上普遍使用的链条传动，并随后开发了 Lohner－Porsche 电动车，该车采用铅酸蓄电池作为动力源，由前轮内的轮电动机直接驱动，是第一辆以保时捷命名的汽车。波尔舍于1900年在这辆电动车上又加装了一台内燃机来发电以驱动轮载电动机，制造出了世界上第一辆混合动力汽车。

图1.3　古斯塔夫·特鲁夫的电动汽车

20世纪初，由于内燃机的发明及生产技术的提高，燃油车在这一时期形成了绝对优势，使纯电动汽车退出了市场。

1.3　燃油汽车时代

1866年，德国工程师尼古拉斯·奥托成功地试制出具有进气、压缩、做功、排气的立式四冲程内燃机，如图1.4所示。其发明在动力史上有划时代意义，为燃油汽车的发明奠定了基础。

图1.4　尼古拉斯·奥托及其发明的四冲程内燃机

1. 燃油汽车的发明

1）第一辆三轮汽车

1885年，德国人卡尔·本茨用汽油内燃机作为动力源，研制成了第一辆三轮机动车——奔驰一号,如图1.5所示。车辆自身质量254 kg,发动机排量0.954 L,功率633 W、转速400 r/min,车速18 km/h。其具备了现代汽车的特点:火花塞点火、钢管车架、水冷循环、后轮驱动、钢板弹簧悬架等,实现了汽车自动行走,被公认为世界上的第一辆现代汽车。

图1.5 卡尔·本茨及其发明的奔驰一号

1886年1月29日,卡尔·本茨向德国专利局申请了汽车发明的专利,同年11月2日专利局正式批准发布。因此,1886年1月29日被公认为世界汽车的诞生日,卡尔·本茨被誉为"汽车之父"。

当时,由于该车的性能还未完善,发动机工作时噪音很大,同时传递动力的链条质量也不过关,常常发生断裂,因而在汽车经过的道路上,人们看见的经常是人推车而不是人坐车。在那个马车的时代,汽车受到人们的嘲笑,被斥为无用的怪物。"奔驰夫人"为了回击社会舆论的讥讽,于1888年8月带领两个儿子驾驶着经过本茨反复改进的汽车从曼海姆出发,途经维斯洛赫添油加水,直驶普福尔茨海姆,全程144 km。这次历史性的试验为汽车的发展做出了突出贡献,如今,这辆奔驰一号汽车陈列在德国汽车发源地斯图加特市的奔驰汽车博物馆中。

2)第一辆四轮汽车

德国工程师戈特利布·戴姆勒和他的助手威廉·迈巴赫在坎施塔特也从事以汽油机为动力的车辆研究,并在1885年制造出了世界上第一辆摩托车。对于戴姆勒和迈巴赫来说,制造和驾驶摩托车并不是目的,最重要的是试验内燃机性能并加以改进运用在汽车上。经过潜心研究,戴姆勒和迈巴赫研制成了一台高速四冲程汽油机,排量0.462 L,功率1103 W,转速665 r/min。1886年8月,戴姆勒以妻子43岁生日礼物的名义,花费795马克订购了一辆四轮马车,他把这台发动机装在这辆马车上,增加了转向、带轮传动装置,把发动机后置,由后轮驱动车辆,使车速达到18 km/h,制成了世界上第一辆由汽油发动机驱动的四轮汽车,如图1.6所示。

图 1.6　戈特利布·戴姆勒及其发明的第一辆四轮汽车

2. 燃油汽车的发展

1）汽车技术发明阶段(1886—1910 年)

随着汽车上关键技术的不断发展和关键配件的发明问世,汽车的基本结构定型。奔驰、戴姆勒、雷诺福特、通用等汽车公司相继成立,欧洲成为汽车产业的中心。此时的汽车均由手工装配生产。汽车的外形为马车形;在车身材料方面,全金属车身开始出现;动力方面,柴油发动机诞生,整车布置上出现了四轮驱动和发动机前置后轮驱动的结构形式;转向盘、分挡变速器、差速装置、蜂窝式散热器、脚踏式加速器、盘式制动器和鼓式制动器、充气式橡胶轮胎、保险杠等关键设备相继出现。

2）汽车技术完善阶段(1911—1946 年)

两次世界大战的运输需求推动了汽车技术不断完善,汽车生产进入标准化流水线生产阶段,生产效率大幅度提高,世界汽车工业的中心从欧洲转向美国。雪铁龙、大众、丰田、林肯等汽车公司成立。整车布置上出现了前置前驱,但主流布置依然为前置后驱的结构形式;车身结构方面,承载式车身出现;汽车外形方面,由于空气动力学的进步,造型从箱形汽车转为甲壳虫形汽车;交通基础设施方面,公路上开始出现中心线和信号灯;独立悬架、液力耦合器、液力变速器、自动启动器、空调装置、子午线轮胎、滤清器、照明电灯、刮水器等设备也逐渐出现。

3）汽车多样化阶段(1947—1972 年)

第二次世界大战后进入汽车多样化阶段,无论是在外形、性能还是颜色上,汽车都发展变化很快,这一时期的汽车技术主要向高速、舒适方向发展,世界汽车中心由美国转回欧洲。汽车外形方面,船形汽车取代了甲壳虫形汽车成为主流,楔形汽车出现;车身材料方面,铝合金及塑料零件开始应用;三点式安全带、转向助力器、D 型电子控制燃油喷射、ABS、涡轮增压器等技术出现。

4）汽车环保与电子化阶段(1973 年至今)

20 世纪 70 年代,石油危机爆发,使汽车技术向环保、电子化、安全性方向发展,日本成为继美国、欧洲之后全球第三个汽车工业发展中心。整车布置上,前置前驱兴起并成为紧凑级家庭轿车的设计标准;车身材料方面,全铝车身和全塑料复合材料车身出现;由于电子技术的飞速发展,数字式 ABS、ESP、ACC、安全气囊、数字式发动机管理系统、三元催化剂等技术相继出现。

5)新能源阶段

20 世纪 70 年代的石油危机和更加严格的排放法规的出现加速了混动和纯电动技术的发展。1997 年,丰田普锐斯成为第一款量产的混合动力汽车,混动汽车开始复兴。

进入 21 世纪,电池能量密度技术有所突破,电池性能、续航水平、电机动力等不断提升。纯电动汽车、插电式混合动力(增程式)电动汽车和燃料电池汽车等新能源汽车得到进一步发展。比亚迪的汉 EV 便是纯电动汽车的代表,如图 1.7 所示。

图 1.7　比亚迪汉 EV

在节源和环保的双重压力下,新能源电动汽车无疑将成为未来汽车的发展方向。一些国家已经发布了禁售燃油汽车的时间表,荷兰和挪威将计划 2025 年开始禁售燃油汽车,印度和德国计划 2030 年开始禁售燃油汽车,法国和英国计划 2040 年开始禁售燃油汽车,中国计划在 2060 年实现碳中和,而新能源汽车的推广和普及对这一目标的实现具有重要的意义。

新时期,汽车技术的发展方向为"低碳化、信息化、智能化",低碳化是全球汽车产业长期关注的关键技术方向之一,目前各国车企正多管齐下,加紧推进节能车与新能源汽车这两个技术路线的发展进步;信息化与智能化指向未来汽车对"安全、舒适、高效"的更高追求,目前这两个技术领域的发展趋势主要体现在智能网联汽车等方面。随着计算机、传感器、通信、网络及人工智能等技术的发展,移动互联与汽车深度融合,出现了智能网联汽车,汽车正从传统交通工具转变为新型的智能出行载体,加速构建人、车、路、环境协同的智慧交通体系是未来交通的发展趋势,为人类提供绿色、共享的智慧出行和运输方式是汽车行业的目标与任务。

思考题

1. 世界上第一辆蒸汽汽车是谁发明的?

2. 世界上第一辆具有实际意义的纯电动汽车是谁发明的?

3. 世界上第一辆混合动力汽车是谁发明的?

4. 世界上第一辆三轮内燃机汽车是谁发明的?并详细介绍这辆车的具体参数和特点。

5. 世界上第一辆四轮内燃机汽车是谁发明的?并详细介绍这辆车的具体参数和特点。

6. 燃油汽车的发展经历了哪几个过程?

第2章 汽车工业发展史

教学目标

1. 了解世界汽车工业发展史；
2. 了解中国汽车工业发展史。

导入案例

汽车工业发源于欧洲，欧洲汽车工业以其精细的做工、典雅而新潮的独特造型、大胆采用世界先进技术而著称。但现代汽车工业的形成则始自美国。

请问：你知道"汽车大王"是谁吗？你知道中国汽车工业发展经历了哪几个阶段吗？

2.1 世界汽车工业发展史

100多年的汽车发展史表明：汽车诞生于德国，成长于法国，成熟于美国，兴旺于欧洲，挑战于日本。

2.1.1 汽车工业的诞生地——德国

1886年，德国人卡尔·本茨和戈特里布·戴姆勒分别成功地将内燃机装在三轮车和四轮车上，发明了世界上第一辆三轮汽车和四轮汽车。卡尔·本茨和戈特里布·戴姆勒无可非议是伟大的发明家，同时他们也是著名的企业家。

1872年，卡尔·本茨组建了"奔驰铁器铸造公司"，1879年12月制造出第一台单缸煤气发动机，1883年创建奔驰公司和莱茵煤气发动机厂，经过不懈努力，他终于研制成功单缸汽油发动机，安装在自己设计的三轮车架上，于1886年1月29日取得了世界上第一个"汽车制造专利"。1893年，本茨研制出性能先进的"维克托得亚"牌汽车，但由于价格过高，成为滞销品。后来他听从商人的建议，于1894年开发生产"自行车"，结果销量很好，给奔驰公司带来了较高的利润。之后他又对前期生产的"维克托得亚"牌汽车进行了改进，将车厢座位设计成面对面的18个，成为世界上第一辆内燃机公共汽车。

1890年，戴姆勒与人合伙建立了戴姆勒发动机公司，进行固定式发动机和汽车的生产。1898年，奥地利车手埃米尔·杰里克向戴姆勒订购了一辆赛车，并以自己最喜欢的小女儿的名字"梅赛德斯"命名。"梅赛德斯"来源于西班牙圣徒的名字，象征美好和吉祥。

赛场上,"梅赛德斯"一路领先,击败了所有对手。

后来,杰里克将其代理经销的36辆戴姆勒汽车全部取名为"梅赛德斯"。1902年,戴姆勒公司正式将"梅赛德斯"作为自己产品的商标,如图2.1所示,一代名车"梅赛德斯"从此诞生了。

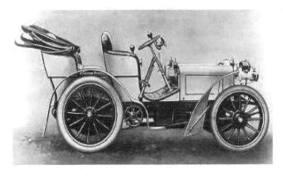

图2.1 一代名车"梅赛德斯"

一直互为竞争对手的奔驰公司和戴姆勒公司,迫于市场的压力,于1924年5月组成了共同的利益联盟,联合进行产品的销售和服务,并于1926年6月合并,改名为戴姆勒-奔驰汽车股份有限公司。

2.1.2 汽车工业的成长地——法国

尽管1886年德国人最先发明了汽车,但那时德国刚成为独立、统一的国家不久,经济实力不如法国。法国政府为了军事需要修建了公路网,为汽车工业的发展创造了良好的条件。1890年,标致汽车公司生产出了法国第一辆汽油发动机汽车。1896年,标致推出了装配自主研发的水平对置式双缸发动机的标致汽车,并首次使用了米其林的试验型充气橡胶轮胎,如图2.2所示。由此,使汽车轮胎由"铁圈"时代进入舒适、快速的"橡胶"时代。1919年,安德烈·雪铁龙创建了雪铁龙汽车公司,这是法国第一家采用流水线生产汽车的厂家。1898年,雷诺汽车公司成立。同年,雷诺汽车公司在其生产的微型车上应用了两项重要革新技术:万向轴和直挡变速器。

图2.2 标致水平对置式双缸发动机汽车

1899年,雷诺汽车公司首次采用传动轴驱动后轴上的锥齿轮进行传动,如图2.3所示。而当时的汽车一般采用链条或皮带驱动。1902年,雷诺汽车公司取得涡轮增压发动机的发明专利,如图2.4所示。由此可见,汽车诞生于德国,成长于法国,法国人以科技促进了汽车技术的进步和完善。

图2.3 锥齿轮差速器　　　　图2.4 涡轮增压技术

汽车诞生在欧洲,但是,以规模生产为标志的汽车工业形成在美国,随后又扩展到欧洲、日本直至世界各国。汽车工业和汽车技术得以发展,离不开各国人民发挥各自的智慧和才能,是世界人民共同努力的结果。

2.1.3 汽车工业成熟地——美国

虽然世界上最早的汽车诞生在德国,但最早形成的汽车工业却在美国。20世纪初的欧洲,汽车设计的指导思想主要是为了满足人们的娱乐需求,汽车只是王公贵族、官员富商的奢侈品,是金钱、权力和地位的象征。由于售价昂贵,一般人的经济条件难以承受。因此,汽车销售市场受到限制,产量不能大幅度提高,只局限于单件小批量生产。1906年,法国的汽车厂家虽然宣称欧洲的汽车产量占世界年产量的58%,但是他们的产量只有5万辆左右。汽车文明从欧洲传到美国后,这个年轻而富有创造性的国家对它表现出了极大的兴趣。

19世纪末,美国经济已达到较高水平,工业生产处于世界前列,钢铁、石化等工业均有较大发展,为汽车工业的率先形成和发展创造了条件。

1895年,美国只有4辆汽车,而法国有450辆。五年后,美国汽车年产量达到4000辆,已赶上当时产量最多的法国,德国当年的汽车产量将近1000辆。

1902年,亨利·利兰德创立了凯迪拉克汽车公司;1903年,亨利·福特创立了福特汽车公司;同年,大卫·别克创立了别克汽车公司;1908年,威廉·杜兰特创建了通用汽车公司。

对于美国汽车工业的形成,"汽车大王"亨利·福特做出了突出的贡献。福特汽车公司(简称福特)创办之初就提出了将汽车由奢侈品转变为生活必需品的主张,福特要求汽车性能可靠、耐用、售价低廉、操作简便、使用和维护费用低,即生产大众化、普及型汽车。1908年,福特推出了T型车,如图2.5所示,其性能优良、物美价廉、经济实用、结构简单、便于维修,使汽车从奢侈品变成大众化商品,将家庭轿车的神话变为现实。这是汽车工业发展史上的第一次变革,也是世界工业史上的重大创举。

图2.5 福特T型车

1913年,福特发明了世界上第一条汽车装配流水线,开始大批量生产汽车。装配流水线不仅有助于在装配过程中通过生产设备使零部件连续流动,而且便于对制造技能进行分工,把复杂技术简化、程序化。流水线生产方式的采用,使得福特T型车缔造了一个60年之后才被打破的世界纪录,创造了世界汽车生产史上的奇迹。

流水线生产方式的成功,不仅大幅度降低了汽车成本、扩大了汽车生产规模,更是创造了一个庞大的汽车工业,而且使当时世界上的大部分汽车生产工业从欧洲转移到了美国。到1914年第一次世界大战前,全世界汽车保有量大约200万辆,美国有130万辆,占据了大部分。

1927年,经过残酷的市场竞争,美国汽车生产企业由最多时的181家锐减到44家,其中福特、通用、克莱斯勒三大汽车巨头的销售量占美国汽车总销售量的90%以上。1929年,美国生产汽车54.5万辆,出口占10%,占领了美国之外的世界市场的35%。从20世纪初开始到20世纪50年代初,美国汽车工业一直遥遥领先,产量居世界之首,称雄世界50年之久,一跃成为世界汽车工业中心。

福特利用汽车装配流水线生产T型车的经验不仅为美国,甚至为世界汽车工业的发展奠定了基础,为全球汽车工业开辟了一条具有决定性意义的生产经营之路,福特汽车公司因此被誉为"汽车现代化的先驱"。从那时开始,汽车工业才有条件发展为世界性的成熟产业,现代流水线的生产方式也成为其他汽车厂商争先效仿的生产方式。

2.1.4 汽车工业兴旺地——欧洲

20世纪70年代以后,欧洲汽车工业的奋起直追和欧美汽车工业的激烈竞争,使得欧洲和美国的汽车技术都得到了进一步的发展。在这一时期,汽车工业保持了大规模生产的特点,汽车品种进一步增多,汽车技术的科技含量增加,世界汽车保有量激增。汽车工业界针对汽车造成的安全问题、污染问题,在政府的督促和支持下制定了许多对策,使汽车在结构、性能等方面都得到了大幅度提高。

由于欧洲是两次世界大战的发源地,战争重挫了欧洲的汽车工业,使欧洲的汽车生产远远落后于美国。1945年第二次世界大战后,欧洲经济迅速得到了恢复和发展,居民家庭收入成倍增长,被战火压抑的消费需求迅速迸发出来。20世纪50年代初出现了普及汽车的高潮,迎来了汽车工业的大发展。尽管此时美国汽车业界已形成通用、福特、克莱斯勒三大公司鼎立的局面,并且以压倒性的优势占领着世界汽车市场,但是,欧洲原本就是汽车的发源地,欧洲人擅长发明创造,具有卓越的产品设计能力,各厂家开发出了多种经济节油的微型车和小型车、精工细作的豪华车以及新款跑车,以适应各国的市场情况。如意大利,国民收入低,燃料税高,人们集中生活在街道狭窄、停车条件受限制的老城市,这些条件结合起来导致消费者的需求集中在小型汽车上。在瑞典,燃料税低,国民收入高,城市人口密度小,冬天的驾驶条件恶劣,因此消费者要求大而耐寒的车辆,耗费更多的燃料也在所不惜。当时的许多欧洲制造商也在寻求针对不同设计要求的多样化技术方案。有的设计偏爱功率大的发动机,有的设计配置了别出心裁的气缸,有的使用后置式发动机,也有的集中研究前悬置式发动机和后轮驱动。竞争的领域不仅表现在组合车身的设计上,连柴油发动机和汽油发动机也包括在内。

20世纪50年代和60年代,全球各国的关税大幅度下降,更多国家对外开放,进行相对自由的贸易,欧洲汽车工业以其多样化的特色成为这一时期世界汽车市场上的绝对优势。在此期间,美国生产的汽车车型单一、体积大、油耗高,不适合世界上其他市场的消费者。针对美国汽车的弱点,欧洲人利用自身的技术优势开发出多品种和轻便普及型汽车,在品种、车型风格及道路适应性等方面具有特色,完成了汽车产品由单一到多元化的变革。至20世纪70年代,欧洲汽车厂商逐步跟上了美国的流水线生产方式,也开始实行量产化。欧洲人利用这个机会,也把触角伸向了世界各地。1950年,欧洲汽车产量只有200万辆,只占世界汽车产量的13.8%,而北美却占85.1%。1966年,欧洲汽车产量突破1000万辆,比1955年产量增长5倍,年均增长率达10.6%。20世纪70年代,整个欧洲市场与北美市场规模相等,他们以多样化的汽车产品占据世界市场。许多欧洲汽车厂家,如德国的大众、奔驰、宝马,法国的雷诺、标致、雪铁龙,意大利的菲亚特,瑞典的沃尔沃等,均已闻名遐迩。1973年,欧洲汽车产量进一步提升到1500万辆,超过了美国。同时,欧洲的大型汽车制造公司还纷纷到美国去投资建厂,改变了第二次世界大战前主要是美国福特汽车公司和通用汽车公司到欧洲投资建厂的格局。至此,世界汽车工业发展的重心又由美国转回了欧洲,欧洲成为了世界第二个汽车工业发展中心。

欧洲汽车工业的发展主要集中在德国、法国、英国、意大利等几个国家。以德国为代表的欧洲汽车工业既有美国式汽车工业大规模生产的特征,又有欧洲式汽车工业多品种、高技术的优势,尽量适应不同的道路条件、民爱好等要求,因而形成了汽车产品由单一到多样化的变革。

2.1.5 汽车工业挑战地——日本

日本汽车工业的起源,可以追溯到明治末期。那时的机械工业以初具汽车生产技术能力的造船公司为主,纺织机械制造厂商、铸造厂商陆续开始模仿生产,这为日本汽车的出现提供了可能。1907年,吉田真太郎创办的东京汽车制造所制造出第一辆日本国产汽油汽车"太古里一号"。到了大正时代,日本汽车工业先是以增加汽车进口,调动国民需求,随后扩大内需的形式逐渐发展起来,将汽车从昔日皇族、贵族、部分大商店的自备汽车,发展成为用于军事和一般市民的交通工具,诸如旧陆军军用汽车、出租小汽车、公共汽车等。

1914年,第一次世界大战中,日本对德宣战,军用载货汽车投入军需物资的运输。受到部分制造厂商陆续开始生产汽车及陆军自主研制军用载货汽车的刺激,日本的汽车工业也开始向批量生产方向发展。1924年,美国福特汽车公司率先在横滨设立日本分公司,在美国风靡一时的福特T型汽车开始在日本装配生产。1926年,美国通用汽车公司也在大阪成立了日本通用汽车公司,着手进行雪佛兰等品牌汽车成套部件的生产。可以说,早在20世纪20年代,美国的汽车资本就已经渗入了日本市场。为此,日本政府不得不出台行政政策以保护国产汽车制造厂商的利益,这些行政保护政策为扶持当时还处于起步阶段的日本汽车工业提供了必要条件。

在此历史背景下,丰田喜一郎在其父丰田佐吉创办的丰田自动织机制造所的基础上,于1937年创建了日后举世闻名的丰田汽车工业株式会社,即丰田汽车公司。

在第二次世界大战期间,日本的汽车工业为战争服务,到1941年年产量达到5万辆,其中绝大多数是载货汽车。第二次世界大战结束后,日本载货汽车的生产只限于使用配给的原材料,汽车工业困难重重,汽车工厂濒临破产。1948年,美军向日本汽车制造公司大量订货,给日本汽车工业带来了高额利润,同时也逐渐提升了日本国产汽车的年产量。1950年,日本汽车年产量才恢复到3万辆,而到了1955年,日本汽车年产量已达7万辆。

1955年,日本通产省公布了发展国民车的大胆构想,提出鼓励企业发展供日本老百姓使用的微型汽车的计划,在日本国内引起很大的反响。日本汽车工业在复苏初期采取了巧妙的对策,他们不同欧美汽车强敌正面竞争,生产欧美占优势的车型,而瞄准国内的消费需求,开发两轮、三轮和小四轮的大众化车型(排量为350~500 mL),形成了经济、实用的日本汽车风格。这样,日本在轻型车和小型车方面取得了飞速的进展,为汽车工业的崛起腾飞积累了资金和经验,打好了基础。进入20世纪60年代以后,日本经济高速发展,内需强劲增长。日本各汽车公司引进欧美先进的汽车技术,及时推出物美价廉的汽车,出现了普及汽车的高潮,日本开始进入汽车工业的大发展时期。1960年,日本汽车年产量为48万辆,远远低于当时美国及西欧各主要汽车生产国的水平。但到1967年,日本汽车年产量即达到314.6万辆,超过欧洲各主要汽车生产国的年产量,居世界第二位。1968年,日本汽车产量突破400万辆大关,并以物美价廉的优势大量出口,打进了美国市场。1970年,日本汽车年产量达528.9万辆。1980年,日本汽车年产量首次突破1000万辆大关,达到1104万辆,一举超过美国成为世界第一。

1987年,日本汽车的年产量占世界汽车年产量的26.6%,而当时美国和欧洲四国(英国、法国、德国、意大利)分别占23.7%和24.8%。在汽车高速发展的同时,日本的各大汽车制造公司纷纷到美国投资建厂,日本汽车的年产量连续14年(1980—1993年)超过美国,位居世界第一。1990年日本汽车年产量达1350万辆,创历史纪录,标志着世界汽车工业的重心已移向日本。日本以贸易立国,将扩大汽车出口置于重要战略地位,为提高汽车出口竞争能力,进行了不懈的努力。20世纪60年代初期,日本汽车刚打入美国市场时,售价相当低,但是后来,日本汽车制造商丰田公司独自创造出了欧美汽车厂商所没有的生产系统,孕育出了举世闻名的"全面质量管理"和"及时生产系统"的生产管理体系,简称TPS(toyota production system)生产管理体系,如图2.6所示。它是继美国福特公司创造的汽车装配流水线大批量生产方式后,生产管理上的又一场革命,其追求的目标是不断降低成本、无废品、零库存和产品多样化,即以最少的投入获得最大的经济效益。管理体系的完善、精益生产方式的形成,保证了日本汽车工业在极短的时间里生产出了质量好、性能高、价格低廉、品种多样的小型汽车,在竞争压力颇大的美国市场脱颖而出,成为全世界的畅销品。

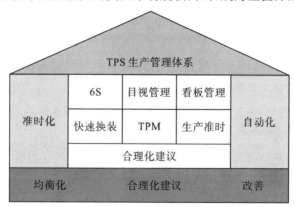

图2.6 TPS丰田生产管理体系

随着汽车出口竞争能力的增强,日本汽车出口量高速增长。两次石油危机期间,欧美汽车纷纷减产,而日本却以其油耗低的小型汽车博得消费者的青睐,进一步占领和扩大国际市场。1960年,日本汽车出口量不足4万辆。到1970年,汽车出口量突破100万辆,年均增长率39%。1973年汽车出口量达到200万辆,1977年汽车出口量达到400万辆。1980年汽车出口量达到600万辆,占全世界汽车出口总量的51%,其中出口美国240万辆,占美国汽车进口量的67%,美国国内的汽车市场被日本占领了21%。1985年达到巅峰,汽车出口量达673万辆。日本汽车在出口量大增的同时,汽车进口量始终保持较低水平。1966年到1980年,汽车年进口量仅几万辆。日本凭借着汽车国内销售量和出口量的双高速增长,迎来了日本汽车工业的发展,创造了世界汽车工业发展的奇迹。世界汽车工业的发展又发生了由欧洲到日本的第三次转移,日本成为继美国、欧洲之后的第三个汽车工业发展中心。

2.2 中国汽车工业发展史

2.2.1 新中国成立前的汽车工业

旧中国没有自己的汽车工业,1901年,一个叫李恩时的匈牙利人将美国制造的两辆奥兹莫比尔汽车从香港运到上海,从此中国开始出现汽车。

1928年12月,沈阳迫击炮厂的厂长李宜春等人提出了关于"应国内需要,宜首先制造载重汽车"的建议,得到了当时主政东北的张学良将军的赞同。张学良调拨4万多元(旧币)作为研制国产汽车的经费,后来他又批准拨款70多万元作为国产汽车的生产经费。

当然,研究制造汽车不可能从零开始,自然离不开模仿和借鉴。为了加快研制的速度,他们从美国购进一辆载重汽车,并且聘请美国人迈尔斯担任总工程师,组织200多名能工巧匠对该车进行了大拆大卸。经过近两年的努力,1931年,一辆2.5吨载重汽车终于生产出来了,该车名为"民生",如图2.7所示,取自孙中山先生"三民主义"中的"民生"二字。在"民生"牌载重汽车的600多种零件中有400多种是自制的,"国产化"率高达70%,它是完全按照我国当时道路的实际状况量身定做的,最高时速可达47公里。"民生"牌汽车一经问世,就引起了很大反响。当时的中华全国道路建设协会为纪念建会十周年,强烈要求展出第一辆国产汽车,为展览会增色,为国争光。之后,这辆汽车被送往上海,参加了同年9月12日开幕的首届汽车工业展览会。

然而,就在本次展览会开幕的第6天,震惊中外的"九·一八"事变爆发了,沈阳失陷,东北危急,生产"民生"牌载重汽车的工厂落入侵华日军的魔掌,之后这些汽车被转移到了日本,而接手这些汽车的是日本一家制作纺织机械的公司,老板就是之前提到的丰田喜一郎,这之后的几年时间,他创办了一家汽车公司,就是现在的丰田。

图 2.7 "民生"牌载重汽车

2.2.2 新中国成立后的汽车工业

1. 初创阶段(1953—1965 年)

1) 第一汽车制造厂

1953 年 6 月,毛泽东主席亲自签发《中共中央关于力争三年内建设长春汽车厂的指示》。同年 7 月 15 日,第一汽车制造厂(简称"一汽")隆重举行奠基典礼,第一汽车制造厂破土动工,标志着我国的汽车工业从此开始起步,开启了我国汽车工业滔滔不息的源头。

1956 年 7 月 13 日,崭新的总装线装配出第一辆解放牌汽车,如图 2.8 所示。14 日,装配出第一批 12 辆解放牌汽车,第一批国产汽车在欢声笑语和雷鸣般的掌声中徐徐驶出装配线。这标志着第一汽车制造厂的三年建厂目标如期达到,从此结束了我国不能制造汽车的历史,圆了我国自己生产汽车的梦。

图 2.8 第一辆解放牌汽车

1957 年 5 月,第一汽车制造厂开始仿照国外样车自行设计轿车;1958 年,先后试制成功 CA71 型东风牌小轿车和 CA72 型红旗牌高级轿车,如图 2.9 所示。之后,红旗牌高级轿车被列为国家礼宾用车,并作为国家领导人乘坐的庆典检阅车。

图 2.9　CA72 型红旗牌高级轿车

进入 20 世纪 60 年代,国民经济实行"调整、巩固、充实、提高"的方针,在国家和省市的支持下,出现了一批汽车制造厂、汽车制配厂和改装车厂,其中,南京、上海、北京和济南 4 个有基础的汽车制配厂经过技术改造,成为继一汽之后第一批地方汽车制造厂,开发不同汽车品种,并相应建立了专业化生产模式的总成和零部件配套厂,为今后发展大批量、多品种生产协作配套体系提供了基础。

2)南京汽车制造厂

1958 年 3 月 10 日,南京汽车制造厂生产出第一辆跃进牌 NJ130 型 2.5t 轻型载货汽车,如图 2.10 所示。同年 5 月 10 日,南京汽车制造厂成为第二家直属中央的汽车企业。

图 2.10　第一辆跃进牌 NJ130 型 2.5t 轻型载货汽车

3)上海汽车制造厂

1958 年 9 月,上海汽车装配厂试制成功第一辆凤凰牌轿车。1960 年 10 月,上海汽车装配厂迁至安亭扩建,更名为上海汽车制造厂。1964 年 12 月,上海汽车制造厂开始生产上海牌 SH760 型轿车。

4)济南汽车制造厂

1959 年,济南汽车制造厂参照捷克生产的斯柯达 706RT 型 8 t 载货汽车试验设计我国的重型载货汽车。1960 年 4 月,济南汽车制造厂试制成功黄河牌 JN150 型重型载货汽车。

5)北京汽车制造厂

1958 年,北京汽车制造厂研制了中国自行设计的第一辆轿车,命名为"井冈山"牌,如

图 2.11 所示。

图 2.11 第一辆井冈山牌轿车

1961 年,原国防科工委批准以北京汽车制造厂作为生产轻型越野汽车的基地。1961 年,北京汽车制造厂试制出第一辆北京 BJ210 型轻型越野汽车。1966 年 5 月,北京 BJ212 型越野汽车设计定型,并投入批量生产。

在新中国成立后的汽车工业初创阶段,全国共建成了五个汽车生产基地,截至 1965 年,全国汽车生产量累计已达 17 万辆。

2. 成长阶段(1966—1978 年)

在汽车工业的成长阶段,我国先后建成了第二汽车制造厂、四川汽车制造厂和陕西汽车制造厂,分别用于生产军用越野汽车、矿用自卸汽车和重型汽车。

1)第二汽车制造厂的建立

1964 年,根据毛泽东主席的"备战备荒为人民"和"三线建设要抓紧"的指示,第二汽车制造厂(简称"二汽")建设被列入第三个五年计划。1965 年 12 月 21 日,中汽公司决定成立第二汽车制造厂筹备处,由饶斌、齐抗负责。1966 年 5 月 10 日,国家建委在北京召开会议,会议确定二汽厂址定在鄂西北的郧县十堰到陕西的旬阳一带。

1969 年,二汽开始在湖北十堰市筹划建设。湖北开始有了自己的汽车工业。二汽建设从 1972 年正式开始,到 1975 年建成,1976 年开始出车。直至 20 世纪 90 年代,二汽主要生产"东风牌"卡车,1992 年 9 月 1 日更名为东风汽车公司。2003 年 9 月,东风汽车公司将总部从湖北十堰迁至武汉。

2)四川汽车制造厂

1966 年 3 月 11 日,四川汽车制造厂举行开工典礼,厂址选定在四川大足。1966 年 6 月,四川汽车制造厂洪岩牌 CQ260 型越野车试制成功。1971 年 7 月,四川汽车制造厂批量投产红岩牌 CQ261 型越野汽车。

3)陕西汽车制造厂

陕西汽车制造厂厂址选定在陕西省岐山县。1974 年 12 月 27 日,陕西汽车制造厂生产的延安牌 SX250 型越野汽车鉴定定型。1978 年 3 月 14 日,陕西汽车制造厂和陕西齿轮厂建成,并正式投产延安牌 SX250 型越野汽车。

3. 合资阶段(1984—2000 年)

改革开放后,中国汽车工业迎来了新的发展机遇。为了引进先进的技术和管理模式,提高产品质量和市场竞争力,国家开始允许建立汽车合资企业,并逐步开放轿车市场。

1984 年 1 月 15 日,我国汽车的第一个中外合资企业——北京吉普诞生。有了先行者,我国汽车工业很快就进入了第一轮的合资高潮期。

1985 年 3 月,中德合资轿车生产企业——上海大众汽车有限公司成立,上海大众的成立意味着我国真正意义上的现代汽车工业的开始。

进入 20 世纪 90 年代,一汽、二汽、北汽、南汽分别建立合资轿车生产企业,"一汽大众"(中德合资)、"东风标致"(中法合资)、"北京吉普"(中美合资)、"南京依维柯"(中意合资)等汽车品牌相继出现。

合资企业给中国汽车工业带来了先进的技术和经营理念,培养了一批专业的人才和配套企业,推动了中国汽车市场的快速增长。但我国汽车工业的飞速发展并没有如期望的那样带来汽车产业竞争力的提升。由于缺乏自主品牌和关键技术,研发能力弱,国内汽车产品的核心技术大多数掌握在合资企业手中,没有话语权。"拿市场换技术"的传统合资模式开始受到质疑。

4. 自主阶段(2000—2015 年)

进入 21 世纪,中国汽车工业开始加强自主创新能力,培育自主品牌。在国家政策的支持下,吉利、奇瑞、比亚迪、长城等自主品牌相继崛起,通过低价策略和快速迭代,在中低端市场占据了一定份额。同时,上汽、东风、长安等传统国有企业也加快了自主品牌的建设和发展,推出了荣威、风神、逸动等中高端产品。自主品牌不断提升产品质量和技术水平,在国内市场取得了较好的口碑和销量。

5. 新能源阶段(2015 年至今)

随着人们环保意识的增强和新技术的应用,新能源汽车成为了全球汽车工业的新趋势。中国政府高度重视新能源汽车的发展,并出台了一系列优惠政策和补贴措施。在这样的背景下,中国新能源汽车市场迅速扩大,并连续多年位居世界第一。不仅如此,中国自主品牌在新能源领域也展现出了强大的竞争力和创新力。

比亚迪、东风岚图、长安阿维塔、北汽新能源、上汽智己、广汽埃安、蔚来、理想、小鹏等企业推出了一系列电动化和智能化的产品,赢得了国内外消费者的认可和喜爱。中国新能源汽车不仅在国内市场占据了领先地位,也开始向国际市场拓展,与特斯拉等国际品牌展开竞争。如图 2.12 所示为东风岚图 FREE 车型。

图 2.12 东风岚图 FREE

思考题

1. 简述世界汽车工业的发展历程。
2. 为什么说汽车成熟于美国？
3. 为什么说汽车挑战于日本？
4. 新中国成立后的汽车工业经历了哪几个阶段？
5. 中国汽车工业初创阶段在全国建成了哪五个汽车生产基地？
6. 中国汽车工业成长阶段在全国建成了哪几个汽车生产基地？
7. 我国汽车的第一个中外合资企业是哪家？
8. 请说说合资企业对中国汽车工业的影响。
9. 请简述汽车自主创新的必要性。

第3章　世界著名汽车公司

教学目标

1. 了解德国的汽车公司的发展历程及旗下品牌布局；
2. 了解法国的汽车公司的发展历程及旗下品牌布局；
3. 了解美国的汽车公司的发展历程及旗下品牌布局；
4. 了解中国的汽车公司的发展历程及旗下品牌布局；
5. 了解日本的汽车公司的发展历程及旗下品牌布局；
6. 了解韩国的汽车公司的发展历程及旗下品牌布局；
7. 了解印度的汽车公司的发展历程及旗下品牌布局。

导入案例

亨利·福特于1908年推出了首款流水线化制造的车型——福特T型车。1914年，美国汽车年产量48.5万辆，其中有超过20万辆是福特T。而当时的法国有150家汽车制造商，但总产量仅4.5万辆。

1912年，安德烈·雪铁龙首次到美国考察福特先进的流水线制造方式。1919年，雪铁龙推出了采用流水线组装的A型车。1950年，全球汽车年产量已达1200万辆，其中美国年产车800万辆，英国（80万辆）紧随其后，德国年产车30万辆，紧随法国（35.7万辆）之后。而日本在1950年的汽车产量仅车31000台，尚未达到法国1910年时的水平。

1960年，日本挤进了竞争激烈的国际汽车市场。到1962年，日本生产了超过100万辆汽车，位居世界第五。日本汽车以低廉的价格和优异的质量赢得了市场，1967年，日本成为了世界第二大汽车生产国。1975年，日本生产了820万辆汽车，美国生产了810万辆。1991年，韩国首度现身世界汽车生产大国前十名榜单。

1995年，中国年产汽车100万辆。2006年，中国年产汽车810万辆，居世界第三。此时，印度汽车年产200万辆，居世界第九。2007年，中国汽车年产量达1050万辆，位居世界第一。2017年，中国创造了汽车制造业的新纪录，年产汽车2900万辆。目前，我国汽车年产量已连续14年居世界首位。

3.1 德国主要汽车公司

德国是生产汽车历史最悠久的国家。1876 年,奥托制造了一台新型的,以煤气为燃料的四冲程内燃机,1886 年,卡尔·本茨发明了第一辆汽车。自此,德国的汽车制造厂纷纷涌现,一些其他行业的厂家也转向汽车生产。德国的汽车工业至今已经走过了 130 多年的发展历程,主要经历了"发明实验""不断完善""迅速发展"和"高科技广泛应用"四个阶段。目前,德国具有代表性的汽车公司包括:梅赛德斯-奔驰集团股份公司、宝马集团、大众汽车集团等。

3.1.1 梅赛德斯-奔驰集团股份公司

梅赛德斯-奔驰集团股份公司,原名戴姆勒股份公司。1883 年,卡尔·本茨在曼海姆建立了奔驰汽车公司。1890 年,戈特利布·戴姆勒在斯图加特建立起戴姆勒汽车公司。1894 年,奔驰汽车厂生产了世界上第一辆汽油公共汽车。1896 年,戴姆勒汽车公司生产了世界上第一辆汽油载重汽车。经过了初期的竞争与发展和一战后的经济衰退,客货两用的福特汽车开始活跃在市场上,为了应对市场危机,1926 年,奔驰汽车公司与戴姆勒汽车公司宣布合并,成立了戴姆勒-奔驰汽车公司,总部位于德国斯图加特。

1998 年,戴姆勒-奔驰(德国)和克莱斯勒(美国)在伦敦宣布合并,组建了戴姆勒-克莱斯勒集团公司。2007 年 10 月,戴姆勒-克莱斯勒集团公司更名为戴姆勒股份公司,正式完成了德国戴姆勒与美国克莱斯勒的分离程序,更名后的戴姆勒股份公司继续拥有克莱斯勒公司余下 19.9% 的股份。

2022 年 2 月,戴姆勒股份公司正式更名为梅赛德斯-奔驰集团股份公司。公司旗下包括梅赛德斯-奔驰汽车、梅赛德斯-奔驰轻型商用车、戴姆勒载重车和戴姆勒金融服务等四大业务单元。

1. 梅赛德斯-奔驰

在 1901 年 3 月的"尼斯赛车周"上,第一辆梅赛德斯-奔驰汽车亮相。这款梅赛德斯车重心低、动力强、质量轻,是当时一种特立独行的汽车,它的出现标志着人类将告别马车,正式迎来汽车制造时代。

1902 年 9 月,戴姆勒汽车公司为"梅赛德斯"这一品牌申请了专利权。而那时的"梅赛德斯"品牌还缺少一个富有辨识度的商标。1909 年 6 月,戴姆勒公司申请登记了"三叉星"作为轿车的标志,象征着陆上、水上和空中的机械化,在 1916 年,公司又设计出两款新的三叉星徽。奔驰的标志最初是"BENZ"外加麦穗环绕。到了 1926 年,戴姆勒公司和奔驰合并,星形的标志与奔驰的麦穗终于合二为一,下有"MERCEDES - BENZ"字样,如图 3.1 所示。

1909　　　　　　1909　　　　　　1916　　　　　　1926
戴姆勒汽车　　　奔驰汽车　　　戴姆勒汽车　　梅赛德斯-奔驰汽车

图 3.1　梅赛德斯-奔驰早期车标

随后,梅赛德斯-奔驰的车标又将麦穗改成圆环,并去掉了下面的"MERCEDES - BENZ"的字样。随着这两家汽车生产商的合并,厂方再次为商标申请专利权,而此圆环中的星形标志也演变成了今天我们看到的图案,成为世界十大著名的商标之一,如图 3.2 所示。

图 3.2　奔驰车标

奔驰的主要车型系列包括:轿车系列(A 级、B 级、C 级、E 级、S 级、CLA 级、CLS 级、AMG GT、SLC 级、SL 级等车型),SUV 系列(GLA 级、GLB 级、GLC 级、GLE 级、GLS 级、EQC 等车型),MPV 系列(V 级、EQV 等车型),跑车系列(AMG GT、SLC 级、SL 级等车型),非公路车系列(G 级等车型)。如图 3.3 所示为奔驰 AMG G63 2023 款 Grand Edition 车型。

图 3.3　奔驰 AMG 2023 款 Grand Edition

2. 迈巴赫

迈巴赫(Maybach)品牌首创于 20 世纪 20 年代,创始人是被人们称为"设计之王"的威廉·迈巴赫,他不但是戴姆勒-奔驰公司的三位主要创始人之一,还是世界首辆梅赛德斯-奔驰汽车的发明者之一。1919年威廉-迈巴赫与其子卡尔·迈巴赫共同缔造了"迈巴赫"这一传奇品牌。1921年,第一辆迈巴赫轿车W1问世。

迈巴赫的商标为一个球面三角形围绕着两个交叉的M,如图3.4所示。品牌创建伊始的2个"M"代表的是"Maybach Motorenbau",而现在的2个"M"代表的是"Maybach Manufaktur"。

图3.4　迈巴赫车标

1941年,迈巴赫由于战争原因被迫停产,从此进入一个长达近60年的沉睡期。1997年,戴姆勒·克莱斯勒集团在东京车展会场中展出一辆以"Maybach"为名的概念性超豪华四门轿车,迈巴赫再次复活。但是由于市场业绩不佳,迈巴赫系列轿车于2013年全面停产。2014年11月19日,梅赛德斯-奔驰在广州正式发布全新子品牌梅赛德斯-迈巴赫,同时,该品牌首款车型迈巴赫S级也正式全球首发亮相。2022年10月10日,梅赛德斯-迈巴赫与设计师Virgil Abloh联名打造的迈巴赫S680 Virgil Abloh限量版正式上市。2023年,梅赛德斯-迈巴赫正式发布首款插电式混合动力车型梅赛德斯-迈巴赫S580e,并在中国市场率先上市,如图3.5所示。

图3.5　梅赛德斯-迈巴赫S580e

3. 精灵

精灵(smart)是1994年由奔驰汽车公司和瑞士斯沃奇(Swatch)公司合作开发的一款超微型紧凑式汽车。商标中的"s"代表了斯沃奇,"m"代表了梅赛德斯-奔驰,"art"意为艺术,代表了双方合作的艺术性,而"smart"本身就有聪明伶俐的含义,也与其品牌理念相契合。smart既保留了概念车的创意,同时兼具了流行及实用等优点。小巧的造型,配合智能化及人性化的操控设计,令smart的车型如同一部聪明的大玩具,有人称之为"卡通车"。如图3.6所示为精灵(smart)商标及精灵♯1。

图 3.6　精灵(smart)商标及精灵♯1

2020年7月27日,梅赛德斯-奔驰股份公司与吉利控股集团联合组建的smart全球合资公司在中国宁波杭州湾已正式注册,命名为"智马达汽车有限公司(smart)"。智马达汽车有限公司致力于将smart打造成为全球领先的高端电动智能汽车品牌,全新纯电汽车架构将为smart进入高端紧凑型细分市场奠定基础。smart欧洲有限公司,作为智马达汽车有限公司的全资子公司,负责smart在欧洲市场的供货、销售和售后服务。

3.1.2　宝马集团

宝马集团(BMW)全称为巴伐利亚机械制造厂股份公司,成立于1916年,总部位于德国慕尼黑,其前身是巴依尔飞机制造厂。

目前,BMW集团拥有BMW、MINI和Rolls-Royce三个汽车品牌,主要生产从小型车到顶级豪华轿车各个细分市场的高端产品,使BMW集团成为一家专注于豪华汽车和摩托车的制造商。

1. 宝马

1917年7月20日,BFW公司重组,正式名为BMW(宝马)。1923年,BMW研制了第一台摩托车发动机。1928年,BMW收购了埃森那赫汽车厂。1929年,第一辆"宝马"在埃森纳赫制造完成。2016年3月,宝马集团成立100周年,BMW正式在慕尼黑对外全球首发了宝马VISION NEXT 100概念车。1978年,宝马推出氢能源发动机的概念。2021年12月,宝马集团近期宣布的中国战略升级,强调"中国优先",即在新产品开发中,宝马将优先考虑中国市场需求,不断强化与中国伙伴的共创共赢。宝马集团将在中国加速推进电动化、数字化和可持续发展,与中国保持同频共进。2022年6月,新BMW 8系四门轿跑车、双门轿跑车及敞篷轿跑车在中国上市。

对于宝马汽车商标中间的蓝白相间图案,宝马集团档案总监弗雷德雅各布斯给出了官方解释,商标中的蓝色与白色是总部所在地德国巴伐利亚自由邦旗帜的配色,但它们跟州代表颜色是顺序颠倒的,按照徽章的规则来看,要从左上角顺时针排序。而之所以色块排列方向相反,是因当时法规不允许国徽或政体标志出现在商标上,当时商标的外圈即以黑色为底色,搭配BMW字样,奠定了BMW商标的基本架构。2020年3月,宝马集团发布全新车标,新车标延续了宝马标识的经典元素,采用二维扁平化设计。宝马车标如图3.7所示。

图3.7 宝马车标

宝马品牌主要车型系列包括:轿车系列(1系、2系、3系、4系、5系、6系、7系、8系),运动系列(M系),SUV系列(X1、X2、X3、X4、X5、X6、X7),跑车系列(Z4、i8),新能源纯电系列(i3、i8)。如图3.8所示为宝马Z4款跑车。

图3.8 宝马Z4 2023款

2. 劳斯莱斯

劳斯莱斯(Rolls-Royce)1906 年成立于英国,公司创始人为亨利·莱斯(英国汽车工程师)和查理·劳斯(法国汽车商)。Rolls-Royce 出产的轿车是顶级汽车的杰出代表,它以豪华享誉全球,是欧美汽车的主要代表之一。

除了制造汽车,劳斯莱斯还涉足飞机发动机制造领域,是一家优秀的飞机发动机制造商,世界著名的空客飞机部分型号用的就是劳斯莱斯的发动机。1998 年 6 月,德国大众收购了劳斯莱斯公司,同年 7 月,劳斯莱斯品牌被授权给宝马。2003 年,劳斯莱斯汽车公司被宝马接手。

劳斯莱斯的平面车标为两个重叠在一起的"R",这是劳斯(Rolls)与莱斯(Royce)两人姓名的第一个字母,象征着"你中有我,我中有你",体现了两人融洽和谐的关系。起初双"R"标为红色,为了让整车风格显得更加庄重,劳斯莱斯公司启用了新的黑色车标。双"R"车标镶嵌在发动机散热器格栅上部,与著名的"欢庆女神"雕像相呼应。"欢庆女神"于 1911 年正式成为劳斯莱斯的车徽,象征着美丽的爱情。劳斯莱斯汽车于 2020 年 8 月 25 日宣布启用新商标,以紫色作为底色,同时,也为旗下纯电动车型推出风阻更低的全新造型"欢庆女神"立标,并且对"欢庆女神"的图案也进行了调整。劳斯莱斯车标如图 3.9 所示。

旧车标　　　　　　　　　　　　　　新车标

图 3.9　劳斯莱斯车标

2022 年 10 月,劳斯莱斯首款电动车 Spectre 发布,该车基于劳斯莱斯全铝"奢华架构"打造而成,采用了全新的 spirit 软件架构。在 2023 年 4 月的上海车展上,劳斯莱斯首款纯电动车 Spectre 在国内正式发布。

劳斯莱斯品牌推出的车型包括:银魂、幻影、魅影、银魅、银色黎明、曜影、银影、险路、卡玛格、银灵、银刺、古思特、库里南等。如图 3.10 所示为劳斯莱斯魅影 2023 款 6.6T Black Badge。

图 3.10　劳斯莱斯魅影 2023 款 6.6T Black Badge

3. 迷你

迷你(MINI)是英国的微型车品牌,现隶属于宝马集团(BMW)旗下。

迷你最早起源自"Morris Mini－Minor"的特定车款,该车款是由英国汽车公司(BMC)在 1959 年推出,随后发展成为一个旗下有多款小型汽车的品牌。1966 年,英国汽车公司变更成为英国汽车控股(British Motor Holdings),1968 年,英国汽车控股和利兰汽车(Leyland Motors)合并为英国利兰(British Leyland)。1975 年,利兰公司由政府接管,并改名为陆虎集团(Rover Group)。1988 年,陆虎集团(Rover Group)和迷你品牌被英国宇航买下。1994 年,宝马(BMW)买下陆虎集团。2000 年,宝马全面出售陆虎资产,只留下 MINI 一个品牌,并更新了商标。2018 年,MINI 重新设计简化了车标,将之前的圆形压平,并使其变成单一颜色。通过这种方式,该标志回归到了一个更简单的二维平面,更加强调翅膀的强大和干净的线条。MINI 车标如图 3.11 所示。

旧车标　　　　　　　　　新车标

图 3.11　MINI 车标

MINI 品牌推出的车型包括:轿车系列(MINI、HATCHBACK、CABRIO、CLUB-MAN、COUPE、ROADSTER),SUV 系列(COUNTRYMAN、PACEMAM)。其中,每个车系按配置从低到高分为 ONE、COOPER、COOPER S 和 JCW(高性能版本)4 个等级,部分车型没有 ONE、JCW 版本。如图 3.12 所示为 MINI COOPER S。

图 3.12　MINI COOPER S

3.1.3　大众汽车集团

1938 年,大众汽车公司创建于德国的沃尔夫斯堡,其创始人是世界著名的汽车设计大师费迪南德·保时捷。它是德国最大的汽车生产集团,大众汽车顾名思义是为大众生产的汽车。

希特勒在 1936 年提出了一个设想,要生产一种经济型汽车,让每个德国家庭都能拥有汽车。为了实施这项国民轿车计划,费迪南德·保时捷在戴姆勒-奔驰公司的协助下设计出了一种结构轻巧、适合家庭使用的轿车,并于 1938 年创办了大众汽车公司,准备大规模地生产这种家用轿车。后因第二次世界大战爆发,只生产了 530 辆便被迫停产,转向生产军用汽车。在此期间,保时捷和他的同事们设计研制出了四轮驱动轻型越野车和水陆两用汽车,并大量生产,成为当时德军的重要军用车辆。

第二次世界大战后,大众汽车公司划归西德,又重新开始生产家用轿车。由于这种车的外形很像一只甲壳虫,后来被人们称为甲壳虫轿车,如图 3.13 所示。由于甲壳虫轿车价格低廉,很适宜一般家庭使用,很快便风靡德国和欧洲其他国家。从 1943 年到 1981 年,甲壳虫轿车累计生产了 2000 多万辆,打破了福特 T 型车保持的世界纪录。随着甲壳虫轿车的畅销,大众汽车公司也成长为一个强大的世界汽车生产集团,它在西班牙、墨西哥等许多国家都建立了汽车生产厂和销售公司。

1964 年,大众收购了德国奥迪汽车公司。1983 年,又买下了西亚特的大部分股份,使西亚特成为大众汽车公司的子公司。1991 年,大众又收购了斯柯达。1998 年,大众收购了布加迪、兰博基尼、宾利、劳斯莱斯(1998 年 7 月后归宝马公司)等汽车公司,成为欧洲第一大汽车公司。2011 年 3 月,大众汽车收购了保时捷汽车销售业务。2012 年 7 月,大众汽车与保时捷宣布组建综合汽车集团。从此,大众成了一家拥有九大汽车品牌的欧洲最大的汽车制造商。

图 3.13 大众甲壳虫轿车

1. 大众

大众汽车是最早和中国开展合作的外资企业。自 1984 年起,大众汽车就开始进入中国市场,目前在中国,大众除了生产轿车外,还向消费者和行业提供零部件服务。

大众汽车的德文"VolksWagenwerk",意为大众使用的汽车,标志中的"VW"为全称中两个单词的首字母。该标志像是由三个用中指和食指做出的"V"组成的,表示大众公司及其产品必胜-必胜-必胜。2019 年 10 月,大众汽车在中国揭幕了其全新的品牌标识,旨在诠释生机勃勃、明亮、多彩、目标明确的品牌新面貌。新的品牌标识更加平面化,更适合现代的数字化传播,以及在手机等移动设备上具有更好的辨识度,如图 3.14 所示。

旧车标

新车标

图 3.14 大众车标

大众汽车在国内销售的车型主要有朗逸、帕萨特、途岳、途观、途昂、途安、威然、宝来、高尔夫、速腾、迈腾、CC、探影、探岳等。如图 3.15 所示为大众途岳 2023 款 330TSI 四驱月尊版。

图 3.15 大众途岳 2023 款 330TSI 四驱月尊版车型

2. 保时捷

保时捷(Porsche)是德国大众汽车旗下世界著名的豪华汽车品牌,总部位于德国斯图加特,是欧美汽车的主要代表之一。创始人费迪南德·保时捷是一位享誉世界车坛的著名设计师。

保时捷的历史可追溯至 1900 年,第一部以保时捷为名的汽车 Lohner-Porsche 正式登场并造成轰动。这部双座跑车是由费迪南德·保时捷设计的,当时他受聘于 Lohner 车厂担任设计师。1931 年,保时捷成立于斯图加特,以生产高级跑车闻名于世界车坛。

1963 年,保时捷 911 在法兰克福车展面世。911 是保时捷最知名的车型,由费迪南德·亚历山大·保时捷(Ferdinand Alexander Porsche)设计,是保时捷的传奇车型。这款车的原始名字叫保时捷 901,但是当时法国标致汽车公司已经把所有中间位为 0 的三位数字标识注册并作为自己公司生产车型的商品号,因此标致汽车公司提出了抗议。后来,保时捷在第一次批量生产时便把名称更改为了"911"。从 1963 年诞生以来,保时捷 911 共推出了八代车型,并以其独特的风格与极佳的耐用性享誉世界,同时也是中后置引擎跑车的代表作之一。

1993 年,保时捷 Boxster 概念车发布,这部敞篷小跑车于 1996 年上市。1998 年,保时捷在日内瓦车展上发布了全新 911 敞篷车。2023 年 4 月,新款保时捷 Cayenne 于上海车展全球首发。

保时捷的英文车标采用了德国保时捷公司创始人费迪南德·保时捷的姓氏。图形车标采用了斯图加特市的盾形市徽。"PORSCHE"字样在商标的最上方,表明该商标为保时捷设计公司所拥有;商标中的"STUTTGART"字样在马的上方,说明公司总部在斯图加特市;

商标中间是一匹骏马,表示斯图加特这个地方盛产一种名贵种马;左上方和右下方是鹿角的图案,表示斯图加特曾是狩猎的好地方;右上方和左下方的黄色条纹代表成熟了的麦子的颜色,喻指五谷丰登;商标中的黑色代表肥沃的土地,红色象征人们的智慧和对大自然的钟爱,由此组成的一幅精湛意深、秀气美丽的田园风景画,展现了保时捷公司辉煌的过去,并预示了公司美好的未来。2023年,保时捷在成立75周年时发布了新版品牌标识,并于2023年年底开始搭载在新车上。保时捷新、旧车标如图3.16所示。

旧车标　　　　　　　新车标

图 3.16　保时捷车标

保时捷汽车主要车型有911、Boxster、Cayman、Panamera、Cayenne、Macan 等。保时捷911 Carrera S 如图3.17所示。

图 3.17　保时捷911 Carrera S

3. 奥迪

1899年,奥古斯特·霍希在科隆成立了霍希公司,1903年,该公司开始生产发动机汽车。因与董事会和监事会之间存在分歧,霍希于1909年离开了由他创立的霍希公司,随即在茨维考成立了另一家汽车公司。由于"霍希"的名字已被原来的公司使用,且已被注册为商标,因此霍希将他的名字翻译成拉丁文"Audi",于是新公司有了 Audi 这个名字,也就诞生了奥迪这个品牌。

后来奥迪、霍希、小奇迹和漫游者四家汽车公司建立了汽车联盟。在1933年的德国汽车展上,汽车联盟第一次以公司的形象出现,它展出的四环标志的奥迪前轮驱动中型汽车在车展上引起了轰动。1958年,戴姆勒-奔驰公司收购了汽车联盟,并在1964年转卖给了大众汽车股份公司。1969年,大众汽车公司买下了德国的纳苏汽车公司,汽车联盟公司改称为奥迪纳苏汽车联合公司,1985年正式更名为奥迪汽车公司,现为大众汽车公司的子公司,总部设在德国英戈尔施。奥迪是一个国际著名的豪华汽车品牌,其所代表的高技术水平、质量标准、创新能力以及品牌经典车型让奥迪成为了世界最成功的汽车品牌之一。

奥迪标志为四个圆环,代表着合并前的四家公司,象征兄弟四人紧握着手,半径相等的四个紧扣连环象征公司成员平等、互相协作的亲密关系和奋发向上的敬业精神。2022年,奥迪发布了最新设计车标,如图3.18所示。

旧车标　　　　　　　　　　新车标

图3.18　奥迪车标

奥迪的主要车型有A3、A4、A5、A6、A7、A8等轿车车型;Q2、Q3、Q4、Q5、Q7、Q8等SUV车型;RS4、RS5、RS6、RS7、R8等高性能车型;e-tron、e-tron GT等新能源车型。如图3.19所示为奥迪Q4 e-tron。

图3.19　奥迪Q4 e-tron

4. 兰博基尼

兰博基尼(Automobili Lamborghini)是全球顶级跑车制造商及欧洲奢侈品标志之一,公司由费鲁吉欧·兰博基尼于1963年在意大利圣亚加塔·波隆尼创立。

1963年,兰博基尼的汽车工厂正式成立后,费鲁吉欧·兰博基尼开始召集属于自己的设计团队。1964年,兰博基尼在日内瓦车展上正式发布了第一款跑车,量产车型命名为350GT。1968年,兰博基尼推出Miura P400,这款车是兰博基尼首款采用中置发动机布局的跑车,开创了兰博基尼中置发动机设计的先河。1971年,费鲁吉欧·兰博基尼的拖拉机公司开始经历财务危机。1972年,费鲁吉欧·兰博基尼将兰博基尼拖拉机公司出售给意大利农业设备制造商SAME,并专心经营兰博基尼汽车公司,但是兰博基尼汽车公司也开始逐渐失去资金支持,车型开发速度也逐渐放缓。1980年,兰博基尼汽车公司破产,瑞士Mimran兄弟公司收购了兰博基尼。1987年4月,美国克莱斯勒汽车公司收购了兰博基尼。1998年,兰博基尼被德国大众集团收购,后被划归奥迪(Audi)管理。在奥迪的资金支持下,兰博基尼在2001年推出了时年的旗舰级跑车Murcielago,后续又陆续推出Gallardo、Reventon等车型。

兰博基尼的标志是一头充满力量、正向对方攻击的斗牛,与大马力高性能跑车的特性相契合,同时彰显了创始人斗牛般不甘示弱的个性,如图3.20所示。

图3.20 兰博基尼车标

兰博基尼主要车型包括:Miura(穆拉 & 缪拉)、Countach(康塔什)、Diablo(鬼怪)、Murcielago(蝙蝠)、Gallardo(盖拉多)、Reventon(雷文顿)、Aventador(艾文塔多)、Huracan(赫雷坎)等。如图3.21为兰博基尼Reventon 2023款 6.5L PHEV标准版。

车辆配置
发动机:V12缸6.5 L
燃料形式:插电式混合动力
电池类型:三元锂电池
驱动方式:中置四驱
最大功率:607 kW
最大扭矩:725 N·m
变速箱:8挡湿式双离合
最高车速:350 km/h
官方0~100 km/h加速:2.5 s

图3.21 兰博基尼Reventon 2023款 6.5L PHEV标准版

5. 布加迪

布加迪是意大利人埃托雷·布加迪（Ettore Bugatti）于 1909 年创立的，专门生产运动跑车和高级豪华轿车。1998 年，被德国大众集团收购，现归属大众旗下，总部设立在法国的莫尔塞姆。

1910 年，布加迪开始批量生产独立设计的布加迪 Type 13。1910 年至 1914 年期间，布加迪相继制造了多款车型，其中，1914 年生产的 Type 17 的最高时速可以达到 110 km/h 的高水准。

1924 年，布加迪 Type 35 诞生；1927 年，布加迪推出一款 Type 35 系列的巅峰车型——Type 35B。

第二次世界大战后，布加迪渐渐衰落并几经转手。1998 年，大众汽车买下了布加迪的品牌和汽车制造权，将其确立为一个独立运营的法国汽车品牌。同年，在巴黎国际车展上推出的 Bugatti EB 118 概念车，搭载 6.3 升 W 型 18 缸引擎，这是大众第一次对外发布 W 型引擎科技。

1999 年，Bugatti EB 218 概念车在日内瓦车展发布。并在东京车展上展出了 Bugatti Veyron 18.4 款车型。

2010 年，7 月布加迪推出布加迪威航 Supersport，平均时速可达 431 km/h，是世界量产车的最快纪录。

布加迪车标中间为英文字母"BUGATTI"，2022 年 7 月，布加迪推出了全新车标。全新设计的车标去除了椭圆框和红色圆点，只留下简洁的无衬线的大写文字"BUGATTI"和"ƎB"图标，如图 3.22 所示。

旧车标　　　　　　　　新车标

图 3.22　布加迪车标

布加迪主要在售款车型有：凯龙/凯龙运动（WLTP）、凯龙超级运动、W16 Mistral、森托迪奇、火流星等。

2022 年 8 月，在圆石滩车展上，布加迪正式发布了 W16 Mistral 终极敞篷跑车，这款车也将成为最后一款 W16 公路车型。W16 Mistral 全球限量 99 台，售价为 500 万欧元，计划 2024 年开始交付，如图 3.23 所示。

第 3 章 世界著名汽车公司

车辆配置
发动机：W16缸8.0 T
涡轮数量：4
最大功率：1176 kW
最大扭矩：1600 N·m
变速箱：7速双离合
驱动方式：适时四驱
最高车速：420 km/h
官方0~100 km/h加速：2.5 s
车身形式：敞篷

图 3.23　布加迪 W16 Mistral 2022

6. 宾利汽车公司

宾利(BentleyMotors Limited)是英国豪华汽车品牌,总部位于英国克鲁。1919 年,华特·欧文·宾利先生创办了宾利汽车公司。

第一次世界大战中,宾利先生受聘于英国皇家海军航空兵技术委员会,从事法国克勒盖特发动机的改进工作。1919 年 8 月成立了宾利汽车股份有限公司,经过 21 个月,车型开发成功,于 1921 年 9 月开始出售,是在当时英国汽车市场中最贵的轿车之一。

20 世纪 30 年代初期,由于财政危机而濒临倒闭的宾利成为劳斯莱斯旗下的一个品牌。第二次世界大战后,宾利迎来了新的发展机遇。1933 年,第 1 辆由宾利设计,由劳斯莱斯负责生产的宾利汽车面世,命名为"宾利 3.5"。1939 年,宾利发布了第二辆由劳斯莱斯生产的车型——宾利 Mark V,这款车型依然带有浓郁的劳斯莱斯的风格,动力上搭载了 3.5L 与 4.5L 两款发动机。

1946 年,宾利生产的 MK6 左置方向盘车型问世,是宾利出品的第一款左置方向盘车型。第二次世界大战结束后,宾利汽车生产线迁往英国克鲁郡,劳斯莱斯和宾利已被划分为了两大独立品牌。同年,宾利推出了由设计师伊万·艾文登设计的宾利 Mark Ⅵ 轿车,在市场上大获成功,仅在 1952 年一年内的销售额即达到了 5200 辆,成为宾利历史上最畅销的车型之一。1952 年,宾利 R Type 问世,取代了 Mark Ⅵ。

1998 年,宾利被德国大众集团买下。大众从 2003 年起在英国克鲁厂生产宾利豪华轿车,宾利正式收归大众旗下。从 2002 年开始,宾利取代了劳斯莱斯作为英国皇室唯一指定的汽车品牌。

在并入大众的初期,宾利主要生产的车型是宾利欧陆和宾利雅致系列。2003 年,宾利的双门 GT 车型 Azure 雅骏停产,宾利欧陆 GT 正式发布。2005 年,大众发布了 Continental Flying Spur 欧陆飞驰。2006 年,敞篷版的 Continental GT 正式发布,自 2003 停产的 Azure 雅骏也恢复了销售。

如图 3.24 所示,宾利车标的设计运用简洁圆滑的线条,晕染、勾勒形成一对飞翔的翅膀,整体恰似一只展翅高飞的雄鹰。中间的字母"B"为宾利汽车创始人 Bentley 名字的首字母,令宾利汽车既具尊贵气质,又起到纪念设计者的意味。

图 3.24　宾利车标

宾利品牌主要在售车型包括:飞驰系列、欧陆 GT 系列、欧陆 GT 敞篷版、添越系列、新添越长轴距版等。如图 3.25 所示为宾利添越。

图 3.25　宾利添越

3.2　法国主要汽车公司

法国是欧洲第二大汽车生产国,是全球汽车行业的支柱之一。德国被认为是汽车工业的发源地,但真正促进汽车最早发展的是法国。德国人发明了汽车,法国人却以精明的头脑让汽车变成了真正的商品。1887 年,法国 P&L 公司买下戴姆勒授权生产许可,开始向有钱人兜售汽车,法国车商也从中赚得盆满钵满。在高额利润的吸引下,法国科学家也加快了研发进度。20 世纪初,法国汽车制造商已有上百家,实力最强者首推标致汽车。一战结束后,法国的汽车工业格局逐渐形成以标致、雷诺以及雪铁龙为代表的三巨头时代。目前法国汽车集团主要包括标致雪铁龙集团(PSA)正式与菲亚特克莱斯勒汽车公司(FCA)合并成立的 STELLANTIS 集团和雷诺-日产-三菱联盟。

3.2.1 STELLANTIS集团

STELLANTIS集团是由标致雪铁龙集团和菲亚特克莱斯勒集团以50∶50的股比合并而来的汽车制造商及出行方案提供者。

2021年1月16日,标致雪铁龙集团发文,本集团与菲亚特克莱斯勒汽车公司的合并交易完成,双方合并成为一家全新的集团——Stellantis,集团旗下包括14个汽车品牌:标致、雪铁龙、DS、菲亚特、蓝旗亚、玛莎拉蒂、阿尔法·罗密欧、克莱斯勒、道奇、Jeep、RAM、欧宝、阿巴斯、沃克斯豪尔,覆盖超豪华、豪华、主流乘用车乃至重型皮卡、SUV和轻型商务车等所有细分市场。

1. 标致

1810年,法国标致家族设立标致公司。标致公司成立初期主要从事小型金属零件加工,后拓展业务至各方面的生活用品。1882年,标致公司生产了第一辆自行车。1886年,标致公司寻求与蒸汽学家莱昂·塞波莱合作,以制作蒸汽动力汽车。1890年,借助奔驰的发动机,标致公司推出了燃油机汽车Type 2。1896年,标致公司开始自主制作发动机,脱离了奔驰公司的掣肘,阿尔芒·标致在蒙贝利亚尔创建了标致汽车公司。1901年,标致经典"老爷车"Type 36诞生。Type 36包含了与现今汽车相同的设计元素,如:发动机前置、采用倾斜式方向盘取代方向舵柄。1913年,标致公司已经占据法国汽车市场50%以上的份额。第一次世界大战爆发,法国受到德国猛烈攻击,标致公司的部分工厂被占领,被迫为德军生产军事用品。标致公司在第一次世界大战后复苏较快,1929年,标致201车型在巴黎车展中亮相,该款车使标致公司平稳渡过了经济危机。标致201车型也开启了标致公司新的汽车命名方式。标致公司将该命名方式注册,这也导致最初命名为901的保时捷车型被迫改名为911。1934年,标致401面世,成为世界上首辆硬顶敞篷车,其设计优美,造型别致,备受欢迎。1947年,标致推出了标致203,带有螺旋弹簧、齿条齿轮转向和液压制动器。1960年,标致公司推出了标致404。1974年6月,通过与米其林公司谈判,标致开始接管雪铁龙公司。1976年4月,标致取得米其林掌握的雪铁龙90%的股份,作为交换,米其林获得了10%的标致股份。

标致公司采用狮子作为汽车的商标,它是标致家族的徽章。2021年2月,法国标致发布了全新车标,如图3.26所示。

旧车标　　　　　　　　　　　新车标

图 3.26　标致车标

标致品牌在售的主要车型有 408、508L 等轿车车型；4008、5008 等 SUV 车型；4008、508L PHEV 等新能源车型。如图 3.27 所示为标致新 408。

图 3.27　标致新 408

2. 雪铁龙

1919 年，安德烈·雪铁龙创立了雪铁龙汽车公司，它是法国第三大汽车公司，总部设在法国巴黎。1976 年，雪铁龙公司加入标致集团。1991 年，雪铁龙和我国第二汽车集团公司合资兴建神龙汽车公司，开始在我国生产轿车。

1912 年，安德烈开办了"V 形齿轮厂"，生产双螺旋齿轮；一战后，他审时度势从亨利·福特的成功看到了家庭汽车的未来，并于 1919 年建造以自己名字命名的汽车工厂"CITROEN"。1920 年，雪铁龙车在法国勒芒举行的一次车赛上获得"省油冠军"的称号，使雪铁龙威名远扬。1921 年，雪铁龙公司开始拓展海外市场。1922 年，投产著名的 5CV 经济车、半履带车，以及车身配件和滚珠轴承。1923 年，安德烈·雪铁龙在美国会见了亨利·福特，带回来了福特汽车的流水线生产方法和机床，此后，雪铁龙工程师总是定期访美。同年，"雪铁龙旅行车队"成立，车队开始横贯全法的跋涉为车型提高声望。1924 年，位于巴黎区的圣安工厂生产的雪铁龙 B12 型车首次采用全钢车身。安德烈·雪铁龙建立了涵盖布鲁塞尔、阿姆斯特丹、科隆、米兰、日内瓦和哥本哈根等多个城市的国际性售车网,当年就创下了 17000 辆的出口佳绩。巴黎的出租汽车网也被安德烈收购,开辟了城际高速长途服务。1925 年,雪铁龙连锁店由 1919 年的 200 家发展到 5000 家。1926 年,雪铁龙成立了专门的技术研究实验室进行技术支持,并于同年推出了一整套标准服务,还发行了维修手册。1925 年 7 月 4 日,巴黎世博会上安德烈把由上千霓虹灯组成的"CITROEN"字样展示在巴黎埃菲尔铁塔上。一战结束之后,雪铁龙公司开始从事汽车制造活动。

1912 年,雪铁龙开始使用人字形齿轮作为雪铁龙公司的车标,以此纪念发明了人字形齿轮传动系统的雪铁龙创始人安德烈·雪铁龙,如图 3.28 所示。

图 3.28 雪铁龙车标

雪铁龙在国内销售的主要车型有:凡尔赛 C5X、C6 等轿车车型;天逸 BEYOND、全新 C3-XR 等 SUV 车型;天逸 BEYOND PHEV 等新能源车型。雪铁龙天逸如图 3.29 所示。

图 3.29 雪铁龙 2023 款天逸

3. 菲亚特

菲亚特汽车公司成立于 1899 年,创始人是乔瓦尼·阿涅利,公司全称是意大利都灵汽车制造厂。菲亚特车标如图 3.30 所示。菲亚特集团总部位于意大利北部都灵市,在

100多个国家拥有子公司和销售机构,是意大利规模最大的汽车公司。2014年1月,菲亚特集团宣布完成对克莱斯勒集团所有股份的收购,克莱斯勒成为了菲亚特旗下的全资子公司。合并后的菲亚特克莱斯勒集团更名为菲亚特克莱斯勒汽车公司。

旧车标

新车标

图 3.30　菲亚特车标

4. 阿尔法·罗密欧

1910年6月24日,一家名为A. L. F. A.（Anonima Lombarda Fabbrica Automobili）的公司在米兰成立了。1915年,那不勒斯的企业家尼古拉·罗密欧接管了该公司,并更名为阿尔法·罗密欧。阿尔法·罗密欧的创始团队中赛车迷很多,于是很快就成立了自己的车队,并招揽了一批工程师,打造具有竞争力的赛车。1920年,恩佐·法拉利加入了阿尔法·罗密欧车队成为试车手。同年,他便在著名的Targa Florio越野挑战赛中取得了第二名的好成绩,恩佐被任命管理车队。后来恩佐成立的法拉利车队在比赛中出尽风头,为阿尔法·罗密欧逐渐稳固了当时全世界跑车之首的地位。后来恩佐离开了阿尔法·罗密欧。

1946—1948年及1950—1951年,F1举行了35场大奖赛,阿尔法·罗密欧凭借性能出色的158/159赛车,赢下了其中的31场比赛。

阿尔法的造车目标是生产高性能跑车以及跑车化轿车。阿尔法在赛车运动上的成绩十分优异,曾多次在Targa Florio大赛（1906—1977年）、Mille Miglia（1000英里耐力赛）、勒芒24小时耐力赛、欧洲GP大奖赛（F1大奖赛前身）、F1世界锦标赛、世界跑车锦标赛、Trans-Am、ETCC、DTM、BTCC等各项大赛中问鼎桂冠;而在轿车领域,阿尔法旗下轿车也具有强烈的跑车风格。

1986年,阿尔法·罗密欧被菲亚特集团收购,虽为菲亚特的子公司,但仍保留自己的商标。

如图3.31所示,阿尔法·罗密欧的车标沿用了中世纪时米兰的领主维斯康泰公爵的家徽。

图 3.31　阿尔法·罗密欧车标

阿尔法·罗密欧主要车型包括：Giulia 朱丽叶、Stelvio 斯坦维、阿尔法·罗密欧 156（停售）、阿尔法·罗密欧 GT（停售）等。如图 3.32 所示为 Giulia 朱丽叶。

车辆配置
发动机：V型6缸2.9 T
涡轮数量：2
最大功率：375 kW
最大扭矩：600 N·m
变速箱：8速手自一体
最高车速：307 km/h
0～100 km/h加速：3.9 s

图 3.32　Giulia 朱丽叶 2022 款 Speciale Limited Edition

5. 蓝旗亚

蓝旗亚汽车公司建于 1906 年，总部设在意大利都灵。其创始人文森佐·蓝旗亚早年曾受雇于都灵的切拉诺汽车厂，后来随着工厂被菲亚特接管而进入菲亚特公司。1906 年，文森佐·蓝旗亚在对汽车制造行业充分了解之后，离开了菲亚特公司。他认为自己有能力制造出比菲亚特更豪华更也受欢迎的汽车。同年，25 岁的文森佐·蓝旗亚成立了蓝旗亚公司，并致力于生产豪华轿车。从初创时起，蓝旗亚汽车就在赛车场上频频获胜，为公司树立起了光辉的形象。1922 年开始生产的蓝旗亚·兰伯达轿车首次采用了一体化车身结构，前轮独立悬挂并配备承载式底盘、全金属车身，奠定了现代轿车的构造模式。1937 年，蓝旗亚去世，其家属负责管理公司。第二次世界大战后公司状况不断恶化，1955 年，蓝旗亚公司被一名意大利企业家收购。1969 年，蓝旗亚被菲亚特收购，是集团旗下主攻高档级别车型的品牌，在欧洲获得了很不错的声誉，并且还是意大利的官方用车。

如图 3.33 所示，蓝旗亚的车标有双重意义，一是取自公司创始人之一文森佐·蓝旗亚的姓氏；二是"蓝旗亚"在意大利语中意为"长矛"，象征骑着高头大马，手持长矛的意大利骑士，代表了企业不畏艰难的拼搏精神。

图 3.33 蓝旗亚车标

蓝旗亚比较著名的车型有 Y 型(Ypsilon)车和卡帕(Kappa)车等。

6. 玛莎拉蒂

玛莎拉蒂汽车公司具有悠久的历史,其家族四兄弟于 1914 年在意大利科隆纳市成立了玛莎拉蒂公司。玛莎拉蒂汽车公司是专门生产运动车的公司,在欧洲具有很高的知名度。玛莎拉蒂在 1997 年纳入法拉利旗下,这两个经典品牌构成了现今车坛绝无仅有的超级跑车集团。

1914 年,Alfieri Maserati 与 Bindo Maserati 和 Ernesto Maserati 共同创立了 Officini Alfieri Maserati 公司,新公司以汽车改装为主营业务,同时还致力于将爱索特法诗尼汽车用于道路汽车赛。在玛莎拉蒂兄弟的努力下,公司业务不断扩大,公司于 1925 年更名为 Societa Anonima Officine Alfieri Maserati 公司,同时开始使用三叉戟作为公司标识,这个标识取材于矗立在波洛尼亚 Maggiore 广场上的海神涅普顿雕像,由 Mario Maserati 设计。Alfieri Maserati 在 1926 年制造出了 Tipo 26,这是第一辆纯粹的玛莎拉蒂车,也是第一辆带有三叉戟标志的赛车。Tipo 26 在同年的 4 月 25 日首次登场,参加了 Targa Florio 耐力赛。这款车搭载 1.5L 直列八缸发动机,最高时速可以达到 160 km/h。Alfieri Maserati 驾驶着 Tipo 26 参加了 Targa Florio 比赛并获得了同级别赛车的第一名。随后,Tipo 26 又在其他赛事中取得了多场胜利。自此,玛莎拉蒂开始考虑生产赛车。1947 年,玛莎拉蒂首次将激情运动的赛车发动机与优雅舒适的轿车结合,为世界创造了 GT 车型。玛莎拉蒂首款 A6G 2000 车型于 1947 年至 1956 年间生产。该车型于 1951 年 2 月正式交付,距今已 70 余年。

玛莎拉蒂汽车的标志是在树叶形的底座上放置的一件三叉戟,这是该公司所在地意大利博洛尼亚市的市徽,相传为罗马神话中的海神涅普顿手中的武器,显示出了海神巨大无比的威力,如图 3.34 所示。

图 3.34　玛莎拉蒂车标

玛莎拉蒂主要款型包括：新 Levante SUV 系列、Quattroporte 总裁轿车系列、全新 GranTurismo 跑车系列、MC20、MC20 Cielo。玛莎拉蒂 MC20 Cielo 如图 3.35 所示。

图 3.35　玛莎拉蒂 MC20 Cielo

7. 克莱斯勒

克莱斯勒公司由沃尔特·克莱斯勒于 1922 年创办，总部位于美国密歇根州奥本山。

1926 年，克莱斯勒由美国汽车制造业第 27 位升至第 5 位，转年又升至第 4 位。1928 年，在收购道奇兄弟公司(Dodge)和顺风(Plymouth)公司后，跃升为美国第三大汽车公司。1933 年，克莱斯勒在美国的市场占有率达到 25.8%，一度超过了福特。

1925 年，沃尔特·P·克莱斯勒脱离通用汽车公司，自行创设克莱斯勒汽车公司。同年，该公司买下麦克斯韦尔汽车公司。1928 年又买下道奇兄弟汽车公司。1936—1949 年间，曾一度超过福特汽车公司，成为美国第二大汽车公司。1974 年以后，克莱斯勒公司的业务开始走下坡路，1978 年出现严重亏损，1980 年濒临破产，依赖政府给的 15 亿美元的贷款，克莱斯勒汽车公司才免于倒闭，并于 1982 年开始扭亏为盈。2008 年，受金融危机影响，克莱斯勒遇到了发展困境。2009 年 4 月宣布破产时，其负债已达 100 亿美元。

2014 年，菲亚特成功并购克莱斯勒，使其成为意大利资本控制的美国汽车集团。其旗下的汽车品牌，也相应的不再受美国控制。如图 3.36 所示为克莱斯勒车标。

图3.36 克莱斯勒车标

8. Jeep

1938年,美国军方向全国所有汽车生产厂家言明,寻求一种轻型侦察军用车来替代传统的三轮摩托车。1940年,美国政府持续向全国各个汽车生产厂家施加压力,并向全国135个厂家招标,只有班特公司中标。1941年,为满足第二次世界大战需求而产生了第一辆Jeep越野车。在第二次世界大战期间,约有六十万部的Jeep车种加入作战行列,证明了Jeep产品的成功。此后,Jeep很快被用作为营造生活乐趣的运输工具。Jeep也在1950年被注册为国际性商标。1962年秋,Jeep Wagoneer(瓦格尼尔)以轿车难以比拟的四驱通过能力、舒适内饰和宽大空间三大特质,成为了豪华SUV中的经典。1983年,Jeep切诺基以其四门四轮驱动开辟了紧凑型运动型多用途车的蓬勃发展之路。1986年,Jeep被克莱斯勒公司收购。1993年,内部代号ZJ的第一代全新Jeep Grand Cherokee问世,这款车配备了Jeep特有的Quadra-Coil系统,为大切诺基提供了优良的平衡性和舒适性。2013年,全新大切诺基推出,并始终保留了Jeep的传统硬派元素。

2014年,Jeep随着克莱斯勒并入菲亚特-克莱斯勒集团。如图3.37所示为Jeep车标。

图3.37 Jeep车标

Jeep主要在售车型包括:新大切诺基4xe、牧马人、角斗士、新款牧马人。

3.2.2 雷诺-日产-三菱汽车联盟

雷诺建立于1898年,由路易·雷诺和他的兄弟马塞尔·雷诺及费尔南·雷诺所创,成立于法国比扬古。1933年,日产汽车公司成立于日本,1999年,雷诺成为日产汽车公司的大股东,组建了雷诺-日产汽车联盟。

2016年,日产收购了三菱汽车,自此"雷诺-日产-三菱联盟"正式成型,是全球规模前三的汽车企业之一。2017年,雷诺-日产-三菱汽车联盟全球共销售1060万辆汽车,成为了名副其实的世界销量第一。

1. 雷诺

雷诺汽车公司(Renault S. A.)是一家主营汽车制造与销售的公司,由路易·雷诺三兄弟建立于1898年,总部在法国比扬古,是法国第二大汽车公司。

雷诺汽车公司生产多种汽车、货车、卡车、拖拉机、坦克、公共汽车及自动驾驶汽车,雷诺汽车是出口德国最多的车种之一。

雷诺公司以创始人路易斯·雷诺的姓氏命名,商标是四个菱形拼成的图案,象征雷诺三兄弟与汽车工业融为一体,表示"雷诺"能在无限的空间中竞争、生存、发展。2021年3月,雷诺汽车公布新车标,其车标如图3.38所示。

旧车标　　　　　　　　　　新车标

图 3.38　雷诺车标

2. 日产

1933年12月,日本产业公司、户田铸物公司注册成立"汽车制造股份公司"。1934年5月,"汽车制造股份公司"更名为"日产汽车公司",同时,日本产业公司接收了户田铸物持有的"日产汽车公司"的全部股份。在日本,日产汽车公司是仅次于丰田和本田的第二大汽车制造商。

"NISSAN"是日语"日产"两个字的罗马音形式,是日本产业的简称,其含义是"以人和车的明天为目标"。日产商标是将"NISSAN"放在一个火红的太阳上,简明扼要地表明了公司名称,这在汽车商标文化中独树一帜。2022年7月,日产推出了全新车标,如图3.39所示。

旧车标　　　　　　　　　　新车标

图 3.39　日产车标

日产汽车在全球范围内共拥有轿车、越野车、MPV(Multi-Purpose Vehicle)和商用车在内的30多个系列产品,其中轿车有骐达(TIIDA)、轩逸(SYLPHY)、天籁(TEANA)、阳光和Z系列等,越野车产品包括途乐、奇骏和逍客等,MPV有贵士(QUEST),商用车则有NV200、碧莲以及日产柴系列产品等。

3. 英菲尼迪

英菲尼迪(Infiniti)是日产旗下的高端汽车品牌,诞生于1989年,是日产汽车进军美国汽车市场的先锋,其在产品定位上要高于日产汽车。英菲尼迪自诞生之日起,便以独特前卫的设计、出色的操控表现和顶级的客户服务赢得了广大顾客的欢迎。如今,英菲尼迪已拥有双门跑车、轿车、越野车和SUV等全系列车型。

如图3.40所示,英菲尼迪车标的椭圆形标志展现的是一条无限延伸的道路。椭圆曲线代表无限扩张之意,也象征着"全世界";两条直线代表通往巅峰的道路,象征无尽的发展。英菲尼迪的标志和名称象征着英菲尼迪人的一种永无止境的追求,那就是创造具有全球竞争力的真正的豪华车用户体验和最高的客户满意度。

图3.40 英菲尼迪车标

英菲尼迪主要款型包括新QX60、新QX55、QX50、Q50L。如图3.41所示为英菲尼迪Q50L。

图3.41 英菲尼迪Q50L

4. 三菱

三菱汽车公司的前身是1870年岩崎弥太郎在土佐藩设立的九十九商会,1873年改称为三菱商社。1970年,由三菱自动车贩株式会社.三菱重工及美国克莱斯勒汽车公司共同投资的"三菱自动车工业株式会社"正式成立。三菱汽车公司是日本第五大汽车制造商,主要生产私家车及轻型商用车辆,总部位于日本东京,属于三菱集团的核心企业之一。2016年,日产收购了三菱汽车,形成了雷诺-日产-三菱汽车联盟。

日本三菱汽车以三枚菱形钻石作为标志,突显其菱钻式的造车艺术,同时也象征着三菱组织中各公司的全体员工。三菱汽车以"专业、安全、优质的汽车产品,创新汽车生活,守护绿色地球"作为企业理念,三菱车标如图3.42所示。

图 3.42　三菱车标

三菱汽车主要车型有帕杰罗、蓝瑟等轻型越野汽车和轿车。

3.3　美国主要汽车公司

美国被称为车轮上的国家,汽车普及率居全球首位,每100人平均拥有约80多辆汽车。美国每年销售新车约1700万辆,是全球最庞大的汽车市场之一,所以美国又是全世界汽车业最重要、竞争最激烈的地方。在美国汽车工业发展史上,福特、通用与克莱斯勒分别在不同阶段引领了美国汽车工业的发展。当前,这一历史重任又落到了特斯拉的身上。

3.3.1　通用汽车公司

美国通用汽车公司创始人威廉·杜兰特,于1908年9月16日在新泽西州以别克汽车公司为核心创建了通用汽车公司,总部设在底特律市。它是美国三大汽车公司之首,也是世界上最大的汽车公司。通用汽车公司的业务遍及世界几十个国家,以其雄厚的实力、跨国的体系、多品种的产品成为世界汽车企业的巨头。

通用汽车公司的标志"GM"是美国通用汽车公司名称的缩写,取自通用汽车公司(general motors corporation)英文名称前两个单词的首字母,如图3.43所示。

旧车标　　　　　　　　　新车标

图 3.43　通用车标

1. 凯迪拉克

凯迪拉克汽车公司创立于 1902 年。公司成立时选用"凯迪拉克"之名是为了向法国的皇家贵族探险家安东尼·门斯·凯迪拉克表达敬意,纪念他在 1701 年建立了底特律城。凯迪拉克公司的成立为世界交通运输工业的发展翻开了崭新的篇章。在凯迪拉克商标注册到今天的 100 多年历史中,凯迪拉克在汽车行业创造了无数个第一,凯迪拉克轿车为无数政界、文艺界及企业巨头所乘坐。一直以来,凯迪拉克都被视为美国顶级豪华汽车的标志。

凯迪拉克的商标是凯迪拉克家族在古代的宗教战争中,使用的"冠"和"盾"形的徽章图案。凯迪拉克汽车商标图形上为冠,下为盾,周围为郁金香花瓣构成的花环,花冠现有的颜色组合金黄与纯黑相映,象征智慧与财富;红色,象征行动果敢;银白色,代表纯洁、仁慈、美德与富足;蓝色,代表着骑士般侠义的精神;车标以铂金颜色为底色。凯迪拉克汽车选用著名的花冠盾形徽章象征着其在汽车行业中的领导地位,也是凯迪拉克家族曾作为皇家贵族的象征,同时也表现了底特律城创始人祖先的勇气和荣誉。2021 年 10 月,凯迪拉克推出全新的扁平化车标,如图 3.44 所示。

旧车标　　　　　　　　　新车标

图 3.44　凯迪拉克车标

凯迪拉克的主要在售车型有:CT4、CT5、CT6 等轿车车型;XT4、XT5、XT6 等 SUV 车型;GT4 轿跑 SUV 车型;LYRIQ 锐歌等纯电车型。凯迪拉克 LYRIQ 锐歌如图 3.45 所示。

图 3.45　凯迪拉克 LYRIQ 锐歌

2. 雪佛兰

1909 年,通用汽车公司的创始人威廉·杜兰特先生邀请声誉卓著的瑞士赛车手兼工程师路易斯·雪佛兰帮助他设计一款面向大众的汽车。1911 年,雪佛兰汽车公司诞生。1918 年,雪佛兰被通用汽车公司并购,成为雪佛兰汽车部。雪佛兰是通用汽车全球销量最大的品牌,自 1912 年推出第一部产品以来至今销售总量已超过 1 亿辆。其市场覆盖 70 多个国家,曾经创下每 40 s 销售一部新车的纪录。

雪佛兰汽车是美国最成功的汽车品牌之一,是美国历史文化的一面镜子,它走过了将近 100 年的历程,是汽车史上永恒的经典和传奇。雪佛兰的品牌定位是一个大众化的值得信赖的国际汽车品牌,品牌个性是值得信赖、亲和友善、充满活力。

雪佛兰的车标是金领结,图案化了的蝴蝶领结,象征雪佛兰车的大方、气派和风度,如图 3.46 所示。

图 3.46　雪佛兰车标

雪佛兰的主要车型有迈瑞宝、科鲁泽等轿车车型;星迈罗、创酷 RS、开拓者、探界者等 SUV 车型;畅巡等新能源车型。如图 3.47 所示为雪佛兰畅巡。

图 3.47 雪佛兰畅巡

3. 别克

1903年,大卫·邓巴·别克创建了美国别克汽车公司,但不久公司就陷入了困境。1904年下半年,马车制造商威廉·杜兰特买下了这家公司。杜兰特在1908年成立了通用汽车公司,他沿用别克品牌作为开拓新公司的基石,公司才开始兴旺起来,并创造出了汽车年产量居美国第一位的业绩。当通用汽车公司扩大后,别克部成为通用汽车公司的第二大部门,主要设计制造中档家庭轿车。别克车具有大马力、个性化、实用性和成熟性的特点,是历史最悠久的美国汽车品牌之一。

别克著名的"三盾"标志是以一个圆圈中包含三个盾为基本图案,是别克分部的标志,被安装在汽车散热器格栅上。图案中三颗颜色不同并依次排列在不同高度位置上的盾牌,给人一种积极进取、不断攀登的感觉。它们表示别克分部采用顶级技术,刃刃见锋;也表示别克分部培养的人才是无坚不摧、勇于登峰的勇士。2022年,别克推出了全新的商标,其商标如图3.48所示。

旧车标　　　　　　　新车标

图 3.48 别克车标

别克的主要车型有君越、君威、威朗、英朗等轿车车型;昂科拉、昂科威、昂科旗等SUV车型;微蓝6纯电、微蓝6插电混动等新能源车型。如图3.49所示为别克君越。

图 3.49　别克君越

3.3.2　福特汽车公司

福特汽车公司是世界上最大的汽车生产商之一,成立于 1903 年,旗下拥有福特(Ford)和林肯(Lincoln)汽车品牌,总部位于密歇根州底特律市。公司核心业务包括设计、制造、销售高品质的轿车、SUV、卡车和电动车型以及林肯品牌豪华车型,并提供相关售后服务。与此同时,福特汽车公司还通过福特汽车金融信贷公司提供汽车信贷业务,并积极致力于提升公司在电气化、自动驾驶以及智能移动出行方面的领先地位。

1. 福特

福特汽车公司创始人亨利·福特于 1903 年创建了福特汽车公司,公司总部设在底特律市,在美国有福特部和林肯部等。

1908 年,福特汽车公司推出了举世闻名的 T 型车。1913 年,福特汽车公司首创了汽车大规模、标准化、流水线式的生产方式,极大地提高了生产效率,为"装在汽车上的美国"立下了不朽功勋,世界汽车工业革命就此开始。这一创举使 T 型车一共生产了 1500 万辆,缔造了一个前所未有的世界纪录,福特先生为此被尊称为"为世界装上轮子"的人。

福特公司的名称取自于亨利·福特的姓氏。1911 年,商标设计者为了迎合亨利·福特的嗜好,将英文"Ford"设计成形似奔跑的白兔的形象,以博福特喜爱动物的欢心。福特汽车公司的商标是蓝底白字的英文字样,"Ford"商标犹如在温馨的大自然中,有一只活泼可爱的小白兔矫健、潇洒地向前飞奔,象征福特汽车奔驰在世界各地令人爱不释手,如图3.50 所示。

图 3.50　福特车标

福特的主要车型有福克斯、蒙迪欧、金牛座等轿车车型；锐际、锐界、探险者、领界、领裕、撼路者等 SUV 车型；福特电马、福特领界 EV、锐际插电混动版等新能源车型。如图 3.51 所示为福特锐际插电混动版。

图 3.51　福特锐际插电混动版

2. 林肯

1917 年，亨利·利兰德创建了林肯汽车公司。1919 年底，林肯汽车公司制造出了样车，并以美国第 16 任总统林肯的名字给汽车命名。1922 年，福特收购了林肯汽车公司，成为福特汽车公司林肯分部。由于林肯车杰出的性能、高雅的造型和无与伦比的舒适性，自 1939 年美国富兰克林·罗斯福总统以来被白宫选为总统专车。林肯品牌著名的产品有"大陆""马克八世""城市""领航员"等。福特林肯是美国豪华轿车的品牌，也是地位、财富的象征。

林肯汽车的商标是由一颗闪闪发光的辰星和一个近似矩形的外框组成的，预示着林肯牌轿车具有光辉灿烂的明天，如图 3.52 所示。

图 3.52　林肯车标

林肯的主要车型有全新林肯 Z 等轿车车型；冒险家、航海家、飞行家、领航员等 SUV 车型。如图 3.53 所示为林肯领航员。

图 3.53　林肯领航员

3.3.3　特斯拉汽车公司

特斯拉(Tesla)是美国一家电动汽车及能源公司，特斯拉汽车公司由马丁·艾伯哈德 (Martin Eberhard)工程师于 2003 年 7 月 1 日成立，总部设在美国加利福尼亚州的硅谷。

特斯拉汽车公司以电气工程师和物理学家尼古拉·特斯拉命名，专门生产纯电动车。特斯拉汽车公司是世界上第一个采用锂离子电池的电动车公司，其推出的首部电动车为 Roadster，从 2008 年至 2012 年，该公司在 31 个国家销售了超过 2250 辆 Roadster。

特斯拉的车标是一个形似字母"T"的图案，CEO 马斯克称这个风格化的"T"实际上也是对公司产品的暗示，T 型标识代表着电动马达的横截面。字母 T 的主体部分代表电机转子的一部分，而顶部的第二条线则代表了外围定子的一部分，如图 3.54 所示。

图 3.54　特斯拉车标

特斯拉主要有 Model S、Model 3、Model X、Model Y 等车型。如图 3.55 所示为特斯拉 Model 3。

图 3.55　特斯拉 Model 3

3.4　中国主要汽车公司

100多年前,随着世界第一辆汽车的诞生,许多国家相继研制生产出了自己的汽车。在20世纪初,一些西方国家的汽车制造商开始在中国设立工厂和代理商。然而,这些早期的汽车工业主要集中在上海、天津、广州等沿海城市,而且产品也主要面向国内市场。1949年中华人民共和国成立,中国尚无汽车制造业,只有一些基础薄弱的小型汽车维修和汽车配件制造企业。1953年,毛主席签发《中共中央关于力争三年建设长春汽车厂的指示》。1956年7月14日,第一汽车制造厂在长春建成投产,标志着中国汽车工业的起步。此后,一系列汽车生产厂家在全国各地建立起来。

3.4.1　中国第一汽车集团有限公司

中国第一汽车集团有限公司(简称一汽集团)是国有特大型汽车企业集团。前身为第一汽车制造厂,是国家"一五"计划重点建设项目之一。1953年奠基,1956年建成投产并制造出新中国第一辆卡车(解放牌),1958年制造出新中国第一辆小轿车。一汽开创了新中国汽车工业的历史。

一汽集团经过七十多年的发展,建立了东北、华北、华东、华南、西南等五大生产基地,构建了全球化研发布局,拥有红旗、奔腾、解放等自主品牌和一汽大众、一汽奥迪、一汽丰田等合资合作品牌,如图3.56所示。

图 3.56　一汽集团主要汽车品牌

1. 红旗

红旗是一汽集团直接运营的高端汽车品牌,成立于 1958 年。

1955 年中国一汽开始研制高端轿车,终于在 1958 年生产出东风 CA71、CA72 型红旗牌高级轿车,至此红旗品牌正式创立。最初,红旗轿车只作为国家行政专车使用,是国家领导人和国家重大活动的国事用车。

2016 年,红旗在延续行政专用车使命的同时,开始走向市场化。推出了一系列轿车和 SUV 车型,红旗 L5 民用版上市。

2018 年 1 月,一汽集团发布新红旗品牌战略,以"中国式新高尚精致主义"为品牌理念。同年,行政专车红旗 N501 亮相。

2022 年 4 月,中国一汽携手以色列 Samelet 集团,在以色列举行红旗旗舰车型 E－HS9 上市仪式,红旗汽车正式登陆以色列市场。同年,行政专车红旗 N701 亮相。

新红旗的产品包括 L、S、H、Q 四大系列:新高尚红旗至尊车 L 系列;新高尚红旗轿跑车 S 系列;新高尚红旗主流车 H 系列;新高尚红旗商务出行车 Q 系列。如图 3.57 所示为红旗 E－HS9。

图 3.57　红旗 E－HS9

2. 解放

一汽解放汽车有限公司成立于 2003 年 1 月,是中国第一汽车股份有限公司旗下一汽解放集团股份有限公司的全资子公司,是中、重、轻型卡车及客车制造企业。一汽解放是中国汽车工业的摇篮,中国制造的第一辆汽车就是解放牌汽车 CA10。

一汽解放牵引车销量连续 17 年位于国内行业领先地位,连续 11 年领跑中国商用车卡车品牌。

3. 奔腾

一汽奔腾轿车有限公司(简称一汽奔腾)创立于 2019 年 6 月。是中国第一汽车集团有限公司的全资子公司,是一汽集团发展自主品牌乘用车的主要企业之一。公司的主营业务为开发、制造和销售乘用车及其配件。

一汽奔腾的前身是一汽轿车股份有限公司(1997年6月成立),奔腾品牌创立于2006年5月,创始车型奔腾B70作为国内第一款高起点、高品质、高性能的自主品牌中高级轿车,由此开启了一汽奔腾自主发展的新篇章。一汽奔腾先后推出了B70、B50、X80、T77、T99、T55、E01、E05等10余款车型。

3.4.2 东风汽车集团有限公司

东风汽车集团有限公司前身为始建于1969年的第二汽车制造厂,总部设在湖北省武汉市,产品销往全球100多个国家。

东风汽车集团主要产品覆盖豪华、高档、中档和经济型各个区间,业务涵盖全系列商用车、乘用车、军用车、新能源汽车、关键汽车总成和零部件、汽车装备、出行服务、汽车金融等。国内事业主要分布在武汉、十堰、襄阳、广州和柳州、郑州、成都、重庆、大连等全国20多个城市。

东风汽车集团建设了国际先进、国内一流的产品设计与试验设施。目前已完成向自主品牌和新能源的转型升级。完成电池、电机、电控产业化和近地化布局,掌握商用车"龙擎"和乘用车"马赫"绿色低碳动力品牌、IGBT、燃料电池全技术链等核心技术和关键资源。

改革开放40年来,东风汽车集团在整车、动力总成、零部件等领域建立了多样化的国际合作关系,与法国PSA、日本日产、日本本田、韩国现代起亚等国际汽车企业开展了深入合作。

东风公司坚持发展自主品牌。东风自主品牌乘用车已形成岚图、风神、风行、风光、启辰等多个子品牌齐头并进、协同发展的格局。东风集团主要汽车品牌如图3.58所示。

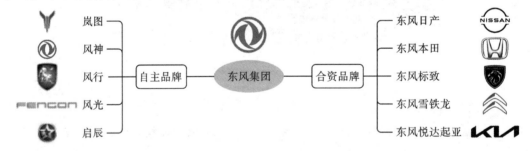

图3.58 东风集团主要汽车品牌

自主品牌中,岚图是东风汽车集团的高端智慧电动品牌,成立于2018年。2020年7月,岚图正式发布品牌标识和中文名。2019年,首款车型岚图FREE获得"中国年度十佳汽车大奖"。目前国内在售车型包括:岚图FREE、岚图追光、岚图梦想家。如图3.59所示为岚图追光。

图 3.59　岚图追光

3.4.3　上海汽车集团股份有限公司

上海汽车集团股份有限公司(简称上汽集团),主营业务包括整车(含乘用车、商用车)的研发、生产和销售,积极推进新能源汽车、互联网汽车的商业化,并开展智能驾驶等技术的研究和产业化探索;零部件(含动力驱动系统、底盘系统、内外饰系统,以及电池、电驱、电力电子等新能源汽车核心零部件和智能产品系统)的研发、生产、销售;物流、汽车电商、出行服务、节能和充电服务等移动出行服务业务;汽车相关金融、保险和投资业务;海外经营和国际商贸业务

上汽集团自主品牌主要有名爵、荣威、智己、上汽大通等。同时,上汽集团也与德国大众、美国通用等国际汽车企业开展了深入的合作。上汽集团主要汽车品牌如图 3.60 所示。

图 3.60　上汽集团主要汽车品牌

2020 年 12 月,智己汽车科技有限公司成立,由上汽集团、张江高科和阿里巴巴集团共同打造。2021 年 1 月,智己在中国上海、美国拉斯维加斯 CES 和英国伦敦三地同步发布,高端智能纯电动汽车品牌——智己诞生。如图 3.61 所示为智己 L7。

图 3.61　智己 L7

3.4.4　重庆长安汽车股份有限公司

重庆长安汽车股份有限公司(简称长安汽车),前身是上海洋炮局,由李鸿章于 1862 年(清同治元年)12 月授命英国人马格里和中国官员刘佐禹在上海创办。1863 年,迁往苏州,更名为苏州洋炮局。1865 年,迁至南京更名为金陵制造局,主要生产各种枪炮。1929 年,改隶兵工署直辖,并更名为金陵兵工厂。1937 年,金陵兵工厂西迁重庆,更名为兵工署第二十一兵工厂。

1958 年,原属于军工集团的长安汽车生产出了中国第一台吉普车——"长江牌"46 型吉普车。1984 年,长安汽车生产出国内第一批小型汽车,正式进入汽车领域。2009 年,长安汽车成为中国汽车四大集团之一。

2021 年 5 月,长安蔚来新能源汽车科技有限公司宣布更名为阿维塔科技有限公司。同年 11 月由长安汽车、华为、宁德时代三方联合打造的高端智能电动汽车品牌阿维塔(AVATR)全球首发。

2022 年 4 月,长安汽车正式发布了深蓝品牌,和阿维塔一样采用独立运作。2023 年 4 月,深蓝汽车品牌首次亮相上海车展,并公布其三大新能源技术:原力超集电驱(800 V 高压)、氢燃料电池系统、高比能半固态电池技术。

2023 年 4 月,马自达对外公布和长安汽车建立全新的合作模式,进而推进新能源车型的共同开发。2023 年 7 月,长安汽车正式发布运动型越野皮卡——长安览拓者。

长安汽车的合资品牌有长安福特、长安马自达。长安汽车集团自主品牌有长安、阿维塔、深蓝三大整车品牌。如图 3.62 所示。

图 3.62　长安汽车主要汽车品牌

长安汽车车型种类繁多,轿车系列包括:逸达、逸动、锐程、UNI-V、Lumin、欧尚、悦翔等车型;SUV系列包括:CS95、CS85、CS75、CS55、CS35、CS15、UNI-T、UNI-K等车型;MPV系列包括:欧力威、凌轩、途睿欧等车型;皮卡系列有览拓者。

3.4.5 广州汽车集团股份有限公司

广州汽车集团股份有限公司(简称广汽集团)成立于2005年6月,前身是成立于1997年6月的广州汽车集团有限公司。广汽集团是一家国有控股股份制汽车集团,总部位于广州市。广汽集团的主要业务有面向国内外市场的汽车整车及零部件设计与制造,汽车销售与物流,汽车金融、保险及相关服务,具有独立完整的产、供、销及研发体系。

目前广汽集团旗下的自主品牌有广汽传祺、广汽埃安等;合资品牌有广汽本田、广汽丰田等,如图3.63所示。

图3.63 广汽集团主要汽车品牌

1. 广汽传祺

广汽乘用车有限公司(简称广汽乘用车)是广州汽车集团股份有限公司的全资子公司,成立于2008年7月21日,作为广汽集团自主品牌乘用车项目的实施载体,主要致力于生产销售具有国际先进水平的传祺品牌整车。

自2010年12月首款车传祺GA5轿车推出市场后,广汽传祺陆续推出多款燃油车型和新能源车型,涵盖了SUV、MPV、轿车的全矩阵车型,实现了传统动力汽车和新能源汽车的完整布局。2021年11月广汽传祺提出"混动化+智能化"双核驱动发展战略,全面发展混动技术。

广汽传祺旗下主要在售车型包括:传祺M8、传祺M6 Pro、传祺GS5、传祺GS7、传祺GS8、影速、影酷、影豹、E9等。

2. 广汽埃安

广汽埃安(原名广汽新能源)是广州汽车集团股份有限公司旗下的汽车品牌。2017年7月,广汽新能源品牌宣布正式注册成立。2020年,广汽埃安品牌正式独立,公司由广汽新能源更名为广汽埃安,定位为高端智能电动车品牌。2022年9月,埃安发布了全新高端品牌Hyper昊铂,首款新车超跑Hyper SSR亮相。

广汽埃安目前拥有Aion LX Plus、Aion V Plus、Aion S Plus、Aion Y、Aion LX Plus等车型。

3.4.6 北京汽车集团有限公司

北京汽车集团有限公司(简称北汽集团)是中国汽车行业的骨干企业,成立于1958年,总部位于北京。集团业务涵盖整车及零部件研发与制造、汽车服务贸易、综合出行服务、金融与投资等。北汽集团以北京为中心,建立了遍布全国十余省市的自主品牌乘用车整车基地、自主品牌商用车整车基地、新能源整车基地、合资品牌乘用车基地等。

目前北汽集团旗下的自主品牌有极狐、北京越野、北京汽车(BEIJING)等;合资品牌有北京奔驰、福建奔驰、北京现代等,如图3.64所示。

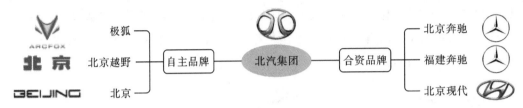

图 3.64 北汽集团主要汽车品牌

1984年,北汽集团与克莱斯勒公司合资成立北京吉普汽车有限公司,是中国汽车制造业的首家合资企业,生产切诺基越野车。2002年10月,由北京汽车投资有限公司和韩国现代自动车株式会社共同出资设立北京现代汽车有限公司。2004年10月,北京吉普奔驰轿车项目生产的首批奔驰轿车正式下线;同年,北汽福田与奔驰公司的商务车合作项目正式对外公布。2019年,北汽集团自主乘用车BEIJING品牌正式发布。

北汽蓝谷新能源科技股份有限公司是由北京汽车集团有限公司控股的新能源汽车企业。主营业务包括纯电动乘用车研发设计、生产制造与销售服务。2019年,北汽蓝谷创立了旗下的新能源高端豪华品牌——极狐汽车。同年3月,北汽极狐在日内瓦车展上进行了全球首次品牌发布,极狐汽车由此诞生。

2019年极狐汽车与华为展开合作,双方共同创立了1873戴维森创新实验室。2020年10月,ARCFOX极狐阿尔法T搭载华为智能网联、智能电动领域技术,正式上市。2021年4月,ARCFOX极狐阿尔法S全新HI版搭载华为全栈智能汽车解决方案正式发布。

极狐汽车先后发布了极狐阿尔法T、极狐阿尔法S、极狐阿尔法S全新HI版三款产品。极狐阿尔法S如图3.65所示。

图 3.65 极狐阿尔法 S

3.4.7 比亚迪股份有限公司

比亚迪股份有限公司(简称比亚迪)创立于 1995 年,是一家拥有包括电子、汽车、新能源和轨道交通四大产业群的企业,创始人王传福。1997 年,比亚迪进入锂离子电池行业。2000 年,比亚迪成为摩托罗拉第一个中国锂离子电池供应商。2002 年,成为诺基亚第一个中国锂离子电池供应商。2003 年,比亚迪进入汽车行业。2005 年,首款比亚迪品牌汽车 F3 上市,F3 是中国品牌首个跨入"万辆俱乐部"的单一车型。2008 年,全球首款不依赖专业充电站的双模电动车 F3 DM 上市,比亚迪全面进入新能源行业。2010 年,比亚迪与戴姆勒成立合资公司——深圳腾势新能源汽车有限公司;2015 年,比亚迪发布新能源车"全产业链+全市场"战略。2016 年,比亚迪云轨全球首发,正式进入轨道交通行业。2021 年,比亚迪发布 DM——i 超级混动技术;2022 年 7 月,比亚迪股份有限公司日本分公司在东京宣布正式进入日本乘用车市场。同年 8 月,比亚迪先后宣布正式进入泰国乘用车市场,进入德国、瑞典市场。同年 10 月,比亚迪在印度新德里召开品牌发布会,宣布进入印度乘用车市场。同年 12 月,比亚迪在马来西亚吉隆坡召开品牌发布会,宣布进入马来西亚乘用车市场,并发布首款车型元 PLUS。

2015 年,比亚迪荣获联合国成立 70 年来首个针对新能源行业的奖项——"联合国特别能源奖"。2016 年,比亚迪荣获"扎耶德未来能源奖"大型企业奖。2017 年,比亚迪蝉联《财富》杂志 2017 年度"最受赞赏的中国公司",居第五名,位列汽车行业榜首。2020 年,比亚迪成为 2020 BrandZ 最具价值中国品牌 100 强上榜车企,连续 6 年蝉联汽车行业最具价值中国品牌冠军。

目前比亚迪汽车旗下有比亚迪、腾势、仰望、方程豹等新能源汽车品牌,如图 3.66 所示。

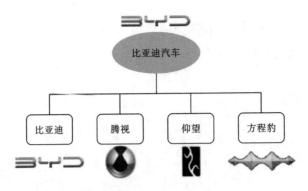

图 3.66 比亚迪新能源汽车品牌

1. 比亚迪

目前,比亚迪电动车已布局全球 50 多个国家和地区、300 多个城市,是首个进入欧洲及美、日、韩等发达国家市场的中国汽车品牌。比亚迪掌握电池、电机、电控及充电配套、整车制造等新能源汽车全产业链核心技术,拥有成熟的市场推广经验。同时,比亚迪自主创新了刀片电池、DM-i 超级混动、e 平台 3.0、CTB 电池车身一体化、易四方等一系列技术。

比亚迪品牌旗下在售车型包括:王朝系列,如宋、汉、秦、唐、元等;海洋系列,如海豚、海鸥、海豹、驱逐舰 05、护卫舰 07 等;面向网约车市场的 D1 以及 E 系列等。

2. 腾势

腾势汽车是比亚迪与德国梅赛德斯-奔驰共同创建的合资品牌,成立于 2010 年,总部位于深圳市,是中国首个致力于新能源的汽车合资品牌。

目前腾势汽车的主要车型包括:N7、N8、D9、D9 PREMIER 等。

3. 仰望

仰望是比亚迪集团旗下高端新能源汽车品牌,成立于 2022 年 11 月。

2023 年 1 月,仰望 U8、仰望 U9 正式发布。仰望旗下车型均标配搭载"易四方"技术平台。"易四方"平台以四电机独立驱动为核心,通过感知、控制和决策三大环节的技术创新,实现四电机独立控制、极限防滑控制、车身稳定性控制。

4. 方程豹

方程豹汽车是比亚迪旗下的全球新能源汽车专业个性化品牌,成立于 2023 年 6 月。方程豹汽车产品将覆盖具备强悍越野能力的硬派 SUV 及跑车等多品类的专业级新能源车型。2023 年 8 月,方程豹举办品牌技术发布会。活动正式发布全球专业个性化品牌方程豹及其核心专属技术 DMO 超级混动越野平台。首搭 DMO 的超级混动硬派 SUV 豹 5 车型正式发布。同时,豹 8 概念车"SUPER 8"以及豹 3 所共同构成的"583"硬派 SUV 家族同步亮相。

3.4.8 奇瑞控股集团

奇瑞控股集团创业始于1997年,总部位于安徽省芜湖市。奇瑞集团从汽车制造业起家,旗下子公司奇瑞汽车是国内最早突破百万销量的汽车自主品牌。通过整合全球资源,奇瑞集团围绕汽车主业推进多元化发展,形成了汽车、汽车零部件、金融、地产、现代服务等业务,旗下拥有奇瑞汽车、奇瑞商用车、奇瑞捷豹路虎、奇瑞金融、奇瑞科技等300余家成员企业。集团业务遍布全球80多个国家和地区,年销售收入1500亿元;累计全球汽车用户1000万,其中海外用户220万。截至2022年,连续19年位居中国品牌乘用车出口第一。

奇瑞旗下乘用车业务现有奇瑞、EXEED星途、捷途等自主品牌,以及奇瑞捷豹路虎、凯翼、观致等合资品牌,如图3.67所示。形成了从"入门级"到"豪华级"的全方位品牌布局。

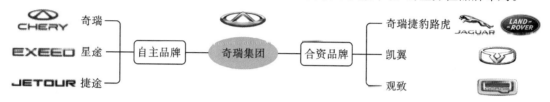

图3.67 奇瑞汽车主要汽车品牌

1. 奇瑞

奇瑞汽车股份有限公司(简称奇瑞汽车)成立于1997年1月,是一家集汽车整车、动力总成和关键零部件的研发、试制、生产和销售为一体的自主品牌汽车制造企业。

奇瑞汽车现有乘用车公司、发动机公司、变速箱公司、汽车工程研究总院、规划设计院、试验技术中心等生产、研发单位。奇瑞逐步建立了完整的技术和产品研发体系,产品出口到全球80多个国家和地区。公司产品覆盖乘用车、商用车、微型车等领域。奇瑞目前在售车型系列包括:瑞虎系列、艾瑞泽系列、新能源系列、欧萌达系列。

2. 星途

星途(EXEED)品牌是奇瑞旗下全新高端品牌,成立于2018年。2019年4月,EXEED星途TXL/TX在上海国际车展全球首发。2021年3月,EXEED星途礼宾级大7座SUV星途揽月正式上市;2022年9月,星途旗下新款凌云车型正式上市。2023年2月,星途瑶光正式上市。2023年4月,星途新款追风家族正式上市。

星途目前在售款型包括:星途追风、星途凌云、星途揽月、星途瑶光等。

3. 捷途

"JETOUR捷途"为奇瑞控股集团于2018年1月推出的汽车产品系列。目的是打造SUV+MPV+新能源汽车的产品布局。捷途汽车以家庭旅游为主导方向,专注旅行+细分市场,在大家庭出行旅游上为更多消费人群提供最合理的解决方案。捷途计划推出涵盖SUV/MPV/EV等在内的系列车型。

捷途目前在售车型系列包括：捷途大圣系列、捷途 X90 系列、捷途 X70 系列等。

3.4.9　浙江吉利控股集团

浙江吉利控股集团（简称吉利集团）始建于 1986 年，1997 年进入汽车行业，集团总部设在杭州。吉利集团已发展成为一家集汽车整车、动力总成和关键零部件设计、研发、生产、销售和服务于一体，并涵盖出行服务、线上科技创新、金融服务、教育、体育等在内的全球型集团。是全球汽车品牌组合价值排名前十中唯一的中国汽车集团。在中国、美国、英国、瑞典、比利时、白俄罗斯、马来西亚建有世界一流的现代化整车和动力总成制造工厂，拥有各类销售网点超过 4000 家，产品销售及服务网络遍布世界各地。2010 年 2 月，吉利集团从福特汽车公司手中全资收购了沃尔沃汽车公司。2017 年 6 月，沃尔沃将旗下高性能部门 Polestar 独立为全新高性能电动汽车品牌。2017 年 11 月，领克 01 在中国上市。2018 年 12 月，吉利与宝腾合作首款新车宝腾 X70 在吉隆坡上市。2019 年 4 月，吉利成立新能源纯电品牌几何。

如图 3.68 所示，吉利集团旗下拥有吉利、领克、极氪、几何、沃尔沃、极星、路特斯、吉利银河、远程新能源商用等品牌。

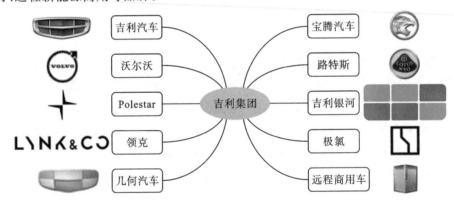

图 3.68　吉利集团主要汽车品牌

1. 吉利汽车

吉利汽车创始人李书福于 1997 年进入汽车行业，1998 年吉利汽车自主研发的第一台轿车"豪情"正式下线。2001 年，吉利获得生产资质，成为中国首家民营汽车企业。2009 年 12 月，吉利汽车在浙江台州/宁波、湖南湘潭、四川成都、陕西宝鸡、山西晋中等地建有汽车整车和动力总成制造基地。2022 年 11 月，中国吉利汽车集团与匈牙利格兰德汽车中欧公司签署战略合作协议，吉利汽车首次进入欧盟市场。2023 年 2 月，吉利汽车发布中高端新能源品牌吉利银河。吉利银河将在三年内相继推出包括长里程 PHEV 车型、智能纯电车型等产品。

吉利旗下目前在售车型包括：雷神新能源、星系、帝豪、缤系、博系、熊猫 mini、ICON、嘉际、豪越、远景等。

2. 沃尔沃

沃尔沃汽车公司是瑞典最大的工业企业集团，浙江吉利控股集团有限公司为公司最大控股股东。公司创立于 1924 年，创始人是古斯塔夫·拉尔森和阿瑟·格布尔森。1979 年，沃尔沃集团公司将轿车制造部分独立，命名为沃尔沃汽车公司，1999 年，被美国福特汽车公司收购。2010 年 3 月，吉利集团在瑞典哥德堡与福特汽车签署最终股权收购协议，获得沃尔沃汽车公司 100% 的股权以及包括知识产权的相关资产。2021 年 3 月，沃尔沃汽车发布其全球可持续发展战略目标，计划到 2025 年实现全面电气化，2030 年成为纯电豪华车企。公司拥有沃尔沃和极星两大主要汽车品牌。

沃尔沃目前在售车型包括：SUV 系列，如 XC40、XC60、XC90、EX90；轿车系列，如 S60、S90；纯电动跨界车 C40 Recharge 等车型。

3. 领克

2017 年 8 月，由吉利汽车、沃尔沃汽车和吉利控股集团合资成立了全球新高端品牌领克汽车。领克基于由沃尔沃汽车主导，吉利汽车与沃尔沃汽车联合开发的 CMA 基础模块架构建立。2017 年 11 月，领克首款车型领克 01 正式上市；2018 年 3 月，领克旗下第二款量产车型领克 02 上市；2018 年 8 月，领克首款轿车领克 03 上市；2020 年 7 月，领克 06 发布预售；2022 年 6 月，领克智能电混 Lynk E-Motive 技术发布；2022 年 10 月，领克 09EM-P 远航版上市。

LYNK&CO 是领克的英文名字，其中 LYNK 代表连接，以先进的智能互联技术实现人、车、科技以及世界的无间连接，CO 是系列词语的组合，Connected（开放）、Collaboration（协作），代表互联网时代的开放与协作精神。

领克目前在售车型有领克 01、领克 01EM-P、领克 01EM-F、领克 02 Hatchback、领克 03、领克 03＋、领克 03EM-F、领克 05、领克 05＋、领克 05EM-P、领克 06、领克 06PHEV、领克 06EM-P、领克 08EM-P、新领克 09EM-P、领克 09MHEV 等。

4. 几何汽车

几何汽车是隶属吉利汽车集团旗下的高端纯电品牌，2019 年成立，是与吉利品牌、领克品牌并行的一级子品牌。几何率先运用吉利在智能化、车联网、轻量化等领域取得的最新技术成果，依托 GE 纯电专属平台可兼容开发轿车、SUV、跨界等各细分市场车型。吉利计划到 2025 年，几何品牌将推出覆盖轿车、SUV 及 MPV 的纯电车型。

几何汽车目前在售车型有熊猫 mini、G6、M6、E 等。

5. 极氪

极氪品牌作为吉利旗下的高端电动品牌，2021 年 3 月成立。2021 年 4 月，极氪首款车型豪华猎装轿跑极氪 001 预售。2022 年 11 月，极氪发布基于浩瀚-M（SEA-M）架构打造的 ZEEKR M‐Vision 概念车。2023 年 1 月,极氪第三款车型极氪 003 发布。2021 年在 T‐EDGE 全球创新大会上,极氪荣获 EDGE Awards 年度最佳新能源车型。

极氪汽车目前在售车型包括:ZEEKR X、ZEEKR 001、ZEEKR 007、ZEEKR 009 等。

3.4.10 长城汽车股份有限公司

长城汽车股份有限公司(简称长城汽车),其前身是 1984 年成立的长城汽车制造厂。1993 年,长城汽车开始生产皮卡,正式进入汽车制造行业。1998 年,改制为长城汽车有限责任公司,推出自主品牌"长城汽车"。2001 年,正式更名为长城汽车股份有限公司。2009 年,长城汽车推出自主研发的哈弗品牌 SUV 车型。2014 年,长城汽车收购远程汽车并成立长城汽车欧洲公司,正式进军欧洲市场。2018 年,长城汽车推出 WEY 品牌,开始销售高端豪华 SUV 车型。

长城汽车业务包括汽车及零部件设计、研发、生产、销售和服务,并在动力电池、氢能、太阳能等清洁能源领域进行全产业链布局,重点进行智能网联、智能驾驶、芯片等前瞻科技的研发和应用。

长城汽车先后在日本、美国、德国、印度、奥地利和韩国设立海外研发中心,同时构建以保定总部为核心,涵盖欧洲、亚洲、北美等全球的研发布局。

如图 3.69 所示,长城旗下有哈弗、魏牌(WEY)、欧拉(新能源)、坦克及长城皮卡五大整车品牌。在全球拥有 12 个全工艺整车生产基地,产品涵盖轿车、SUV、皮卡三大品类。

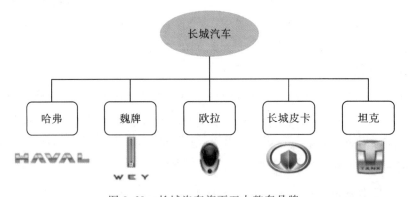

图 3.69　长城汽车旗下五大整车品牌

1. 哈弗

哈弗是长城汽车旗下子品牌,成立于 2013 年 3 月,主营 SUV 车型生产及销售业务。

2005 年 3 月,长城自主开发的"城市多功能车型"哈弗 CUV 下线;2009 年 4 月,哈弗 H3 正式上市,哈弗 H 系由此开始。2009 年 9 月,哈弗 H5 获得欧盟 WVTA 认证,中国汽车首次获得在欧盟国家的无限制自由销售权。2011 年 8 月,首款中高级城市 SUV 哈弗 H6 上市。2013 年 3 月,长城将哈弗品牌从幕后推向台前,哈弗品牌实现独立。2014 年 4

月,哈弗 H9 亮相北京车展,哈弗 H9 是哈弗首款高端越野 SUV,该车型为非承载式纯正越野车身。2017 年 7 月,哈弗系首款紧凑级 SUV 哈弗 M6 在北京上市。2018 年 9 月,哈弗 F 系第一款车型哈弗 F5 正式发布上市。2019 年 6 月,长城汽车俄罗斯图拉工厂正式投产,哈佛首款全球车哈弗 F7 同时下线并在海外上市。2019 年 4 月,哈弗 F7x 极智潮玩版正式上市。2020 年 4 月,首搭 Fun-Life 智能网联系统的 SUV 哈弗 F5 正式上市。2022 年 9 月,哈弗新能源车型第三代哈弗 H6 DHT-PHEV 正式上市。2022 年 6 月,哈弗最新混合动力车型哈弗神兽上市。2023 年 5 月,哈弗枭龙系列插电混动 SUV 正式上市。

全新哈弗 H6、F7 分别获 2020 汽车年度创新 SUV;全新哈弗 H6 获 2019 年度畅销 SUV 车型;哈弗 H9 获汽车大师 2019 年度最耐用 SUV 车型。

哈弗目前在售车型包括:新能源系列,如哈弗枭龙 MAX、哈弗枭龙、哈弗大狗 PHEV、哈弗 H6 新能源等;燃油车系列,如哈弗 H6、哈弗 H9、哈弗 M6 PLUS、哈佛神兽、哈弗赤兔、哈弗大狗、哈弗酷狗等。

2. WEY

WEY 品牌定位为中国豪华 SUV 品牌,中文名为魏牌,创立于 2016 年,以品牌创始人魏建军的姓氏命名。2018 年 9 月,WEY VV5、VV7 分别获中国汽车用户满意度第一名。

WEY 旗下在售款型主要有蓝山 DHT PHEV、新摩卡 DHT PHEV、拿铁 DHT PHEV、拿铁 DHT 等。

3. 坦克

2021 年 4 月,长城汽车 WEY 品牌旗下的坦克系列正式独立,成为长城汽车第五大子品牌。坦克品牌,是长城集团基于 SUV 品类创新,打造的高端豪华越野 SUV 品牌。坦克旗下车型主要有坦克 300、坦克 500、坦克 500Hi4-T 等。

4. 欧拉

欧拉品牌隶属于长城汽车,是长城的独立新能源品牌。长城汽车于 2018 年 8 月正式发布欧拉品牌,同时推出品牌首款车型欧拉 iQ;同年 12 月,欧拉推出欧拉 R1 电动小车。2020 年 7 月,欧拉白猫上市。2020 年 7 月,欧拉 R1 更名为欧拉黑猫在成都车展上市。2020 年 11 月,欧拉好猫上市。2021 年 2 月,长城汽车正式登陆泰国,欧拉好猫作为先导车型之一率先登陆泰国市场。2023 年 1 月,欧拉汽车首次登陆中东市场,欧拉好猫车型正式在约旦上市。

欧拉产品阵容不断扩大,目前在售车型有欧拉闪电猫、欧拉芭蕾猫、欧拉白猫、欧拉好猫、欧拉好猫 GT 等。

5. 长城皮卡

长城皮卡源于长城汽车,成立于 2018 年。1996 年 3 月,长城首款皮卡迪尔正式下线。1997 年 10 月,迪尔皮卡出口伊拉克,为长城打开了国际市场的大门。1998 年,迪尔成为全国皮卡销量冠军。自此,长城皮卡连续25年销量第一。2001年,长城皮卡赛铃上市。2004年,长城皮卡赛酷上市。2007年,长城皮卡出口智利,成功进军南美市场。2012年,风骏5出口意大利,长城皮卡进入欧洲市场。2013年,风骏5欧洲版正式上市。而后,乌克兰政府采购了风骏5,并将其作为军方救护车。2018年9月,长城皮卡宣布品牌独立,产品包括风骏系列和长城炮系列车型。2019年4月,长城炮于上海车展首发,新车提供了乘用、商用、越野三个版本。

长城皮卡目前在售车型有:长城炮系列,如山海炮、金刚炮、乘用炮、商用炮、越野炮、火炮;长城风骏系列,如风骏7、风骏5等。

3.4.11 中国造车新势力

发展新能源汽车是中国从汽车大国迈向汽车强国的必由之路。自2012年国务院发布实施《节能与新能源汽车产业发展规划(2012—2020)》以来,中国新能源汽车行业取得了显著成功,已成为推动全球汽车产业转型的重要力量。随着新能源汽车、智能化和互联网等新兴技术的快速发展,中国汽车产业正面临着巨大的机遇与挑战。国内各大车企纷纷加大技术研发投入,推动汽车产业向智能化、绿色化方向转型。中国汽车工业协会数据显示:2022年,我国汽车产销量分别是2702.1万辆和2686.4万辆,连续14年位居全球第一;新能源汽车产销分别达到705.8万辆和688.7万辆,同比增长96.9%和93.4%,市场占有率达到25.6%。

新能源汽车是我国汽车行业的战略性发展方向,也是新中国成立以来少数走在全球前列的优势领域。近年来在政策和市场的双重作用下,新能源汽车市场增速迅猛,涌现出一批依托互联网和传统汽车制造业创立的新能源汽车品牌,如小鹏、蔚来、理想、零跑、哪吒、AITO等。市场表现优秀的品牌有蔚来、理想、小鹏、AITO等。2022年,蔚来、理想、小鹏、零跑营业收入分别为492.7亿元、452.9亿元、268.6亿元、123.8亿元,同比分别增长36.34%、67.67%、27.95%、295.41%。

1. 蔚来

蔚来是一个智能电动汽车品牌,于2014年在上海注册成立。2015年6月,蔚来车队获得国际汽联电动方程式锦标赛历史上首个年度车手总冠军。2022年10月,蔚来在德国、荷兰、丹麦、瑞典开启交付和试驾。2022年12月,蔚来发布新款轿跑车型EC7、SUV车型ES8,以及第三代换电站。2023年2月,蔚来宣布智能电动中大型SUV蔚来EL7在欧洲开启交付。2023年7月,蔚来宣布1600座换电站建成。

蔚来英文品牌"NIO"取意A New Day(新的一天),"NIO蔚来"表达了蔚来汽车追求美好明天和蔚蓝天空、为用户创造愉悦生活方式的愿景。全新商标上半部象征着开放、未来的天空,下半部代表着地平全影以下的大地,象征着行动、前进的道路,如图3.70所示。

图 3.70　蔚来车标

蔚来在售车型有：eT5、eT5^T、eT7、ec6、ec7、es6、es7、es8 等。蔚来 eT5 如图 3.71 所示。

图 3.71　蔚来 eT5

2. 理想

理想汽车是中国新能源汽车制造商，设计、研发、制造和销售豪华智能电动汽车，于 2015 年 7 月创立。

2020 年，理想 ONE 取得中国新能源 SUV 市场销量冠军。2022 年，理想汽车正式发布家庭智能旗舰 SUV 理想 L9、家庭六座豪华 SUV 理想 L8。2023 年 2 月，理想汽车发布家庭五座旗舰 SUV 理想 L7。2023 年 4 月，理想汽车宣布正式进入"双能战略"的发展新阶段，在"智能"和"电能"方面全面发力。2023 年 8 月，理想 L9 Pro 正式上市。

理想英文品牌名称为"LEADING IDEAL"，车标"LI"灵感来自英文名称 LEADING IDEAL 的首字母，如图 3.72 所示。

旧车标

新车标

图 3.72　理想车标

理想在售车型有 L7、L8、L9 等。理想 L9 如图 3.73 所示。

图 3.73　理想 L9

3. 小鹏

小鹏汽车成立于 2014 年，总部位于广州，是广州橙行智动汽车科技有限公司旗下的互联网电动汽车品牌，由何小鹏、夏珩、何涛等人发起。

2017 年 10 月，小鹏汽车首款量产车型正式下线，在互联网造车行业中率先实现量产。小鹏汽车成为中国互联网造车新势力中，首家产品取得工信部产品公告并率先实现量产的互联网汽车公司。

2023 年 4 月，小鹏 G9 正式获得广州市智能网联汽车载客测试牌照，测试范围可覆盖广州所有一般测试道路。

2023 年 7 月，大众汽车以 7 亿美元入股小鹏汽车，与小鹏汽车达成技术框架协议。在合作的初期阶段，双方计划面向中国的中型车市场，共同开发两款 B 级纯电动汽车车型，以大众汽车品牌在中国市场销售。

小鹏商标的图形向四方延伸，形似一个大写字母"X"，取自探索者"eXplorer"中的"X"，寓意小鹏突破边界，勇于探索科技无人区，以领先的科技给鹏友们带来更便捷愉悦的出行体验。小鹏商标图形又似舒展开的两翼，仿佛在太阳辉光映射下的海天相接之处，一尾大娖羽化成鹏，鹏鸟振起双翅，飞向更广阔的未来，寓意小鹏以智慧远见和科技实力，推动出行向更智能、更多维、更低碳的美好未来持续变革，如图 3.74 所示。

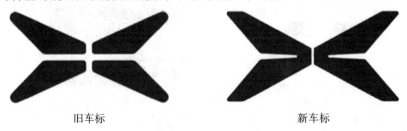

旧车标　　　　　　　　　新车标

图 3.74　小鹏车标

小鹏在售车型有 G3i、G6、G9、P5、P7、P7i 等。小鹏 G3i 如图 3.75 所示。

图 3.75　小鹏 G3i

4. 零跑

零跑汽车是浙江零跑科技股份有限公司旗下的科技型智能电动汽车品牌，成立于 2015 年 12 月。零跑汽车以纯电动驾驶、自动驾驶、车路协同等为长期技术方向，以"零排放、零碰撞、零拥堵"为目标开发车型。

2020 年 5 月，一汽轿车与零跑汽车在长春正式签署战略合作协议，双方将在智能电动汽车关键零部件的研发、制造和生产应用上展开合作，联合策划与开发智能电动车型。2020 年 10 月，零跑与大华联手打造的中国首款完全自主产权的车规级 AI 智能驾驶芯片"凌芯01"发布。2022 年 9 月 30 日，零跑汽车与汽车零部件科技公司佛吉亚在杭州签署战略合作协议。2023 年 6 月，零跑汽车宣布与采埃孚集团签署战略合作协议，双方将在乘用车智能底盘领域展开合作，共同开发智能底盘产品。

零跑车标将英文首字母 L 和 P 进行立体化组合，视觉效果颇为硬朗，根据车标中的英文 LEAPMOTOR 大致可以解读为 LEA（零），P（跑）谐音"领跑"，寓意要成为新能源汽车行业的领跑企业，为消费者提供极致的智能电动汽车体验，打造轻松、环保的出行方式。零跑商标如图 3.76 所示。

图 3.76　零跑车标

零跑在售车型有 C11 增程、C01、C11、T03、S01 等。零跑 C11 车型如图 3.77 所示。

图 3.77　零跑 C11

随着政策支持和技术进步,新能源汽车和智能网联汽车将成为产业发展主导。企业需要以创新为核心,优化产业布局,提升竞争力。开发自主品牌、提高产品质量等。中国汽车企业将加速全球化布局,与国际产业链合作,实现优势互补。未来汽车产业将走绿色、智能、共享的发展道路,以实现可持续发展。

3.5　日本主要汽车公司

日本汽车制造业始于吉田真太郎 1904 年成立的日本第一家汽车厂东京汽车制造厂(现五十铃汽车公司),3 年后制造出第一台日本国产汽油轿车"太古里 1 号"。1925 年,美国福特率先进入日本市场,开始组装风靡全球的福特 T 型汽车。通用汽车和克莱斯勒紧随其后,来到日本建立公司开始进行汽车的组装和销售。此后的十年间,日本汽车市场几乎被美国三大汽车公司垄断,日本本土车企的总产量不足市场总量的十分之一。美国汽车巨头在统治日本汽车消费市场的同时,也把技术与工厂带到了日本,手把手将日本带入了汽车工业时代。1936 年,日本颁布《汽车制造事业法》,禁止外国汽车公司进入日本,福特和通用被迫退出。1933 年和 1937 年,日产汽车公司和丰田汽车公司先后成立。之后,汽车生产厂家与日俱增。日本主要汽车公司包括:丰田、本田、马自达等。

3.5.1　丰田汽车公司

丰田汽车公司(简称丰田)早期以制造纺织机械为主,1933 年,创始人丰田喜一郎在纺织机械制作所设立汽车部,从而开始了丰田汽车公司制造汽车的历史。1935 年,丰田汽车试制成功,第二年即正式成立汽车工业公司。但在 20 世纪 30 年代和 20 世纪 40 年代该公司发展缓慢,第二次世界大战之后,丰田汽车公司才加快了发展步伐。丰田通过引进欧美技术,在美国的汽车技术专家和管理专家的指导下,很快掌握了先进的汽车生产和管理技术,创造了著名的丰田生产管理模式,并不断加以完善提高,大大提高了工厂的生产效率,生产的汽车在20世纪60年代末大量涌入北美市场。20世纪90年代初,丰田击败福特汽车公司,汽车产量名列世界第二。丰田汽车公司在20世纪60到20世纪70年代处于日本国内自我成长期,20世纪80年代之后,开始全面走向世界。丰田汽车公司有很强的技术开发能力,而且十分注重研究顾客对汽车的需求。

1. 丰田

丰田创始人丰田喜一郎毕业于东京帝国大学工学部机械专业。1933年,在"丰田自动织布机制造所"设立了汽车部。1933年9月,丰田喜一郎着手试制汽车发动机,拉开了汽车生产的序幕。1937年,丰田喜一郎成立"丰田汽车工业株式会社"。丰田公司商标的三个椭圆的标志是从1990年初开始使用的。标志中的大椭圆代表地球,中间由两个椭圆垂直组合成一个"T"字,代表丰田公司,象征丰田公司立足于未来,对未来的信心和雄心,也象征丰田公司立足于顾客,对顾客的保证,还象征用户的心和汽车厂家的心是连在一起的,具有相互信赖感,同时喻示着丰田的高超技术和革新潜力,如图3.78所示。

旧车标

新车标

图 3.78 丰田车标

丰田旗下在售车型主要有皇冠、凯美瑞、卡罗拉、雷凌、致炫、亚洲龙、汉兰达、威兰达、锋兰达、赛那、威尔法、埃尔法、柯斯达等。如图3.79所示为威兰达。

图 3.79 丰田威兰达

2. 雷克萨斯

雷克萨斯(Lexus)品牌创立于1983年,是日本丰田集团旗下全球著名的豪华汽车品牌。该品牌仅用了十几年的时间,销量在北美地区便领先于奔驰、宝马。Lexus在国内早期的中文译名是"凌志",2004年,丰田公司宣布将Lexus的中文译名改为"雷克萨斯"。

Lexus最先是在北美推出的,因为"雷克萨斯"(Lexus)的英文读音与"豪华"(Luxury)一词相近,容易给人留下该车是豪华轿车的印象。雷克萨斯汽车的商标采用车名"Lexus"首字母的大写,在"L"的外面用一个椭圆包围。椭圆代表着地球,表示雷克萨斯轿车遍布全世界。2022年,雷克萨斯确认推出的所有车型都将在背面采用相同的"LEXUS"字体尾部标识,以取代传统的雷克萨斯标识,新雷克萨斯车型尾部将不再有椭圆形的L标识,雷克萨斯车标如图3.80所示。

旧车标　　　　　　　　　　　新车标

图3.80　雷克萨斯车标

雷克萨斯主要车型包括:轿车系列,如ES、LS;SUV系列,如UX、NX、RX、LX;跑车系列,如LC;MPV系列,如LM;新能源系列,如NX混动、UX纯电动、RZ纯电动等。如图3.81所示为雷克萨斯ES。

图3.81　雷克萨斯ES

3.5.2 本田汽车公司

1948年,本田宗一郎创建本田技研工业株式会社,并用自己的姓氏(Honda)作为公司的名称和商标。公司总部设在东京,是世界上最大的摩托车生产厂家,汽车产量和规模也名列世界十大汽车厂家之列。

1948年,本田技研工业株式会社成立,开始生产摩托车。1963年,本田推出了第一款汽车——T360小型卡车,这款车型采用了本田自主研发的发动机和底盘技术,成为了日本汽车行业的一次重要突破。1972年,本田推出了第一款轿车——Civic车型,这款车型采用了前置前驱的设计和技术。1986年,本田推出了第一款豪华车——Legend(里程)车型。1986年,本田成功推出高端品牌Acura(讴歌)。1997年,本田推出了第一款混合动力车型——Insight车型,这款车型采用了本田独创的混合动力技术。随后几年,本田又陆续推出了新一代Insight、FIT Hybrid、CR-Z多款混合动力新车。2002年,本田推出了第一款燃料电池车型——FCX Clarity车型,这款车型是本田品牌在新能源汽车领域的重要尝试。2023年2月,本田汽车正式发布氢能源事业战略,将与通用汽车共同开发新一代燃料电池系统,争取将车辆耐久性提升一倍,成本降低至三分之一;将燃料电池汽车(FCEV)、商用车、固定电源、工程机械四大领域定位为燃料电池系统的核心应用领域;在商用车领域,本田与五十铃汽车公司合作研究燃料电池重型卡车。本田现役产品线主要由汽车、摩托、动力产品和飞机四大业务组成,其中汽车业务由核心品牌本田(Honda)和豪华品牌讴歌(Acura)构成。

本田公司采用三弦音箱式车标,也就是带框的"H",图案中的"H"是"本田"的日文拼音"Honda"的第一个字母。该标志既体现出技术创新,团结向上和经营坚实的特点,同时还兼有轻松感,如图3.82所示。

图3.82 本田车标

本田汽车在售车型主要有思域、飞度、雅阁、本田XR-V、本田CR-V、艾力绅、奥德赛、LIFE、皓影、缤智、冠道、凌派、享域等。如图3.83所示为本田皓影。

图 3.83　本田皓影

3.5.3　马自达汽车公司

马自达汽车公司的前身是 1920 年创建的东洋软木工业公司，创始人是松田重次，1927 年改名为东洋工业公司。20 世纪 60 年代初开始正式生产轿车。1984 年，公司以创始人松田的姓氏命名，又因"松田"的拼音为"MAZDA"，所以人们便习惯称其为马自达。马自达汽车公司是日本第四大汽车制造商，是世界著名汽车品牌。目前，马自达在日本本土拥有 1.85 万名职工以及广岛和防府两个制造基地，在横滨有一家研发中心；在海外，马自达在美国、泰国、南美和中东等地建设了 19 座工厂，其中，在美国设有一个研发中心。

马自达是如今世界上唯一研发和生产转子发动机的汽车公司，其最核心的技术就是转子发动机。马自达的转子发动机已经传承到了 RX-8 身上。1998 年以后，马自达进入我国市场，一汽海南马自达开始投入运转。2003 年，马自达与一汽轿车合作推出了 MAZDA6。

马自达公司与福特公司合作之后，采用了新的车标，整体是椭圆中展翅飞翔的海鸥，同时又组成"M"字样。"M"是"MAZDA"的第一个大写字母，预示该公司将展翅高飞，以无穷的创意和真诚的服务，迈向新世纪，如图 3.84 所示。

图 3.84　马自达车标

马自达汽车在售车型有 MAZDA3 昂克赛拉、MAZDA6 ATENZA 阿特兹、MAZDA CX-30、MAZDA CX-30 EV、MAZDA CX-4、MAZDA CX-5、MAZDA CX-50、MAZDA CX-8 等。如图 3.85 所示为马自达 CX-5。

图 3.85 马自达 CX-5

3.6 韩国主要汽车公司

韩国的汽车工业是从 20 世纪 50 年代中期开始起步的。韩国汽车工业从无到有,从弱到强,仅用了不到 60 年时间就成为世界汽车生产大国,其成就举世瞩目。韩国是世界第五大汽车制造国,第六大汽车出口国。韩国主要汽车企业包括现代·起亚汽车集团、大宇汽车公司等。

3.6.1 现代·起亚汽车集团

现代汽车公司是韩国最大的汽车企业,原属现代集团,是世界 20 家最大汽车公司之一。现代拥有世界最大规模之一的汽车生产基地,拥有韩国唯一的具有国际水平的汽车综合试验场等。其主要产品有轿车、各类大中小型客车、载货汽车等。在全世界 190 多个国家和地区拥有近 4000 家销售商,现代汽车公司在北美、亚洲、非洲和欧洲等地区建立了汽车生产基地。

1997 年的亚洲金融风暴引发了韩国的金融危机,起亚汽车公司濒临破产,后由韩国政府出面,指令现代收购起亚公司。1998 年,现代汽车公司与起亚汽车公司签订了股权转让协定,并且在 2000 年一起成立了现代·起亚汽车集团。集团包括现代汽车、起亚汽车和现代零件供应商以及 19 个与集团产业有关的核心公司,在市场上,起亚和现代以两个公司的方式独立运行操作。

1. 现代

1946 年,郑周永建立了现代汽车工业社,1967 年与美国合作正式成立了现代汽车公司,总部设在首尔。现代汽车公司旗下乘用车品牌包括核心品牌现代(Hyundai)和豪华品牌捷恩斯(Genesis)。

现代的车标是一个椭圆形,它代表着地球,表示现代汽车是把全世界当作舞台,中间是一个斜着的"H",取自现代汽车的英文"HYUNDAI"的首字母,也像两个人握手的形象,表示现代汽车和客广之间的信任和支持。现代车标如图3.86所示,捷恩斯车标如图3.87所示。

图 3.86　现代车标　　　　　　　图 3.87　捷恩斯车标

现代品牌在售车型主要包括:轿车系列,如菲斯塔 N Line、伊兰特、索纳塔等;SUV 系列,如沐飒、途胜 L、胜达旅行家、途胜 LN Line、ix35 等。如图 3.88 所示为现代沐飒。

图 3.88　现代沐飒

2. 起亚

起亚是韩国最早的汽车制造商,总部位于首尔,成立于 1944 年,初称"京城精密工业",1952 年改称"起亚工业",1990 年 3 月,起亚汽车公司正式改名为起亚汽车株式会社。2000 年,起亚并入现代汽车集团,形成现代·起亚汽车集团。

起亚的名字源自汉语,"起"代表起来,"亚"代表在亚洲。因此,起亚的意思就是"起于东方"或"起于亚洲",反映了起亚的胸襟——崛起亚洲、走向世界。2021 年年初,起亚发布了全新的品牌标识。起亚商标如图 3.89 所示。

旧车标　　　　　　　　　　　　新车标

图 3.89　起亚车标

起亚在售车型主要有赛图斯、狮铂拓界、嘉华、智跑、奕跑、新K3、K5、焕驰等。如图3.90所示为起亚嘉华。

图3.90 起亚嘉华

3.7 印度主要汽车公司

印度自20世纪40年代就开始制造汽车。在亚洲汽车历史上,是在日本之后第二个制造汽车的国家。印度汽车代表企业主要有塔塔汽车公司(TataMotors)、马恒达汽车公司(Mahindra)、马鲁蒂汽车公司(Maruti)。塔塔汽车公司是印度最大的综合性汽车公司、商用车生产商,是印度塔塔集团下属的子公司。塔塔汽车公司成立于1945年,在全球商用汽车制造商中排名前十之内,年营业额高达20亿美元,占有印度市场59%的份额。2008年,塔塔汽车以23亿美元现金收购了福特汽车旗下捷豹和路虎两大品牌。本节主要介绍塔塔汽车公司及其品牌。

1. 塔塔

塔塔汽车前身为塔塔工程机车公司(TELCO),成立于1945年,主要生产机车。1954年与德国戴姆勒奔驰开展合作,与奔驰的合作保障了塔塔汽车的技术优势,令其在印度商用汽车市场上大获全胜。1969年,塔塔开始独立设计自己的产品。1999年,塔塔进入乘用车领域,在这一市场的占有率在16%左右。从20世纪60年代起,塔塔汽车已出口到欧洲、非洲和亚洲等一些国家和地区。塔塔的轿车也有较高的知名度,小型轿车印迪卡(Indica)外形优雅、时尚、价格低,曾在上市短时间内接到超过11万订单,产品供不应求,创造了印度汽车销售的最高纪录。塔塔的主要产品包括小型汽车、四驱越野车、公共汽车、中型及重型货车等。塔塔商标如图3.91所示。

图 3.91　塔塔车标

2. 路虎

路虎(Landrover)，英国豪华全地形 SUV 品牌，创始人是莫里斯·维尔克斯，创立于 1948 年，现属印度塔塔汽车集团旗下。

路虎是世界著名的英国越野车品牌。路虎曾译为罗孚(Rover)，前身是建于 1884 年的自行车制造厂，1904 年生产汽车，仍以"罗孚"为车牌名。著名的路虎系列就出生于 1947 年，基于 Jeep 的底盘和驱动桥打造。1948 年，第一款路虎在英国诞生。这是一款简单、新颖的铝制农用卡车，代号 P-4，完美实现了简单实用性与稳定性的结合。这款小车名为"Land Rover"，路虎的名字和车型都由它而来。

1967 年，英国利兰汽车公司收购了路虎公司，成为利兰公司的"美洲虎-罗孚-凯旋"部，主要生产的汽车产品分为三类：越野车、轿车和 MG 跑车。1975 年，经营不善的利兰汽车被强制国有化，重组为 4 个部分，路虎品牌在 1978 年被拆分为独立的公司，1988 年被英国宇航公司收购，1989 年正式更名为路虎集团。1990 年，路虎集团与日本本田汽车公司在技术和资金上进行合作，1994 年，德国宝马出资买下路虎公司。2000 年 3 月，福特汽车公司向宝马集团支付 30 亿欧元，以购买其旗下所有四轮驱动系列产品，包括 Range Rover、Discovery、Freelander 和 Defender。路虎公司是世界上唯一专门生产四驱车的公司。2008 年 3 月，印度塔塔集团出资 23 亿美元，收购了福特旗下的捷豹和路虎两大品牌。

路虎不同的车标是为了对车型进行区分，不同的车型用不同的车标。路虎引进中国后，车标是一个绿色的椭圆，上用白色字书写"LAND ROVER"，如图 3.93 所示。2013 年以后，路虎开始对车型进行区分，不同的车型开始使用不同的车标，目前，路虎的车标有 RANGE ROVER(揽胜)、DISCOVERY(发现)和 LAND ROVER(卫士)三种，代表不同的类型，也表示着不同的性能。

图 3.92　路虎车标

路虎旗下车型有路虎揽胜极光 L、路虎揽胜星脉、路虎发现、路虎卫士、路虎揽胜等。如图 3.93 所示为路虎揽胜星脉。

图 3.93　路虎揽胜星脉

3. 捷豹

捷豹是最具有英国特色的豪华汽车。该公司的前身 SS 公司诞生于 1922 年,创始人威廉·里昂斯爵士创造出了第一辆挎斗摩托车,伴随摩托车产业上的巨大成功,里昂斯开始进军汽车行业。1932 年,该公司设计了一辆全新汽车 SS Jaguar,自此捷豹的名字第一次出现。1935 年,第一款捷豹车型 SS100 正式推出。1937 年,捷豹"Jaguar"的品牌名称得以确定。捷豹汽车公司于 1989 年被美国福特汽车公司兼并,成为福特汽车公司生产豪华轿车的重要基地。2008 年,并入印度塔塔集团旗下。

捷豹又称美洲豹,它的车标是一只纵身跳跃的美洲豹,造型生动、形象简练、动感强烈,蕴含着力量、节奏与勇猛,如图 3.94 所示。

旧车标　　　　　　　　　　　新车标

图 3.94　捷豹车标

捷豹在售车型主要有捷豹 I-PACE、捷豹 F-PACE、捷豹 E-PACE、捷豹 XEL、捷豹 XFL、捷豹 F-Type 等。如图 3.95 所示为捷豹 XFL。

图 3.95 捷豹 XFL

2023 年,捷豹和路虎合并成 JLR 集团,并发布了全新标识,将旗下品牌分为卫士、揽胜、发现、捷豹四大子品牌。新标识由 Jaguar Land Rover 的首字母组合而成。JLR 新标识的形式更加简洁,表现出捷豹路虎优雅、前卫、看向未来的前瞻性理念,同时也是为其将来电动化之路进行更好的铺垫,如图 3.96 所示。不过,路虎揽胜、卫士和路虎发现三个品牌的车型上仍会带有 Land Rover 车标。

图 3.96 JLR 集团车标

思考题

1. 德国的著名汽车品牌有哪些?各品牌有哪些特点?
2. 法国的著名汽车品牌有哪些?各品牌有哪些特点?
3. 美国的著名汽车品牌有哪些?各品牌有哪些特点?
4. 中国的著名汽车品牌有哪些?各品牌有哪些特点?
5. 日本的著名汽车品牌有哪些?各品牌有哪些特点?
6. 韩国的著名汽车品牌有哪些?各品牌有哪些特点?
7. 印度的著名汽车品牌有哪些?各品牌有哪些特点?
8. 中国造车新势力主要有哪些公司?试简述旗下车型。

第4章 汽车的基本知识

教学目标

1. 了解汽车的定义与分类；
2. 了解汽车产品型号的编号规则；
3. 掌握车辆识别代码；
4. 掌握汽车的组成、结构及作用。

导入案例

汽车作为一种现代交通工具，已经与当今人们的生活密不可分。随着汽车在日常生活中的日益普及，人们对了解汽车各项相关专业知识的渴望也日益迫切。汽车种类繁多，但是不同型号、不同类型以及不同厂家生产的传统燃油汽车都是由发动机、底盘、车身和电气系统四大部分组成的。

请问：你知道汽车的定义吗？你知道汽车的"身份证"吗？你知道发动机的作用和结构组成吗？

4.1 汽车的定义与分类

4.1.1 汽车的定义

汽车是一种现代交通工具，为我们的生活提供了很大的便利。我国国家标准《汽车、挂车及汽车列车的术语和定义》(GB/T 3730.1—2022)中对汽车的定义为：由动力驱动、具有四个或四个以上车轮的非轨道承载的车辆，包括与电力线相联的车辆（如无轨电车）。主要用于载运人员和/或货物（物品）；牵引载运人员和/或货物（物品）的车辆或特殊用途的车辆；专项作业或专门用途。

汽车还包括以下由动力驱动、非轨道承载的三轮车辆：

（1）整车整备质量超过 400 kg，不带驾驶室，用于载运货物的三轮车辆；

（2）整车整备质量超过 600 kg，不带驾驶室，不具有载运货物结构或功能且设计和制造上最多乘坐 2 人（包括驾驶员）的三轮车辆；

（3）整车整备质量超过 600 kg 的带驾驶室的三轮车辆。

4.1.2 汽车的分类

汽车分类的方法有很多,最常见的分类方法为按国家标准分类法和按驱动方式分类法。下面主要对这两种分类方法进行简述。

1. 按国家标准分类

国家标准《汽车、挂车及汽车列车的术语和定义》(GB/T 3730.1—2022)中将汽车分为以下4类,如图4.1所示。

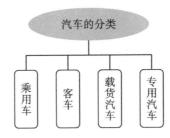

图 4.1　按国家标准分类

1)乘用车

设计、制造和技术特性上主要用于载运乘客及其随身行李和/或临时物品,包括驾驶员座位在内最多不超过9个座位的汽车,如图4.2所示。

图 4.2　乘用车

2)客车

设计、制造和技术特性上用于载运乘客及其随身行李,包括驾驶员座位在内的座位数超过9个的汽车,如图4.3所示。

图 4.3　客车

3）载货汽车

设计、制造和技术特性上主要用于载运货物和/或牵引挂车的汽车，也包括装备一定的专用设备或器具但以载运货物为主要目的，且不属于专项作业车、专门用途汽车的汽车，如图4.4所示。

图4.4 载货汽车

4）专用汽车

设计、制造和技术特性上，用于载运特定人员、运输特殊货物（包括载货部位为特殊结构），或装备有专用装置用于工程专项（包括卫生医疗）作业或专门用途的汽车。注：专用汽车包含专用乘用车、专用客车、专用货车、专项作业车、专门用途汽车。

（1）专项作业车。装备有专用设备或器具，设计、制造和技术特性上用于工程专项（包括卫生医疗）作业的汽车，但不包括装备有专用设备或器具而座位数（包括驾驶员座位）超过9个的汽车（消防车除外）。专项作业车通常包括汽车起重机、消防车（如图4.5所示）、混凝土泵车（如图4.6所示）、清障车、高空作业车（如图4.7所示）、扫路车、吸污车、油田专用作业车、检测车、监测车、电源车、通信车、电视车、采血车、医疗车（如图4.8所示）、体检医疗车等。

图4.5 消防车

图4.6 混凝土泵车

图 4.7　高空作业车

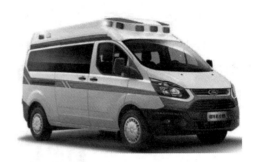
图 4.8　医疗车

（2）专门用途汽车。装备有专用设备或器具，设计、制造和技术特性上具有专门用途，但不属于专项作业车、专用乘用车、专用客车、专用货车的其他作业类专用汽车，如图 4.9 所示为专用客车。

图 4.9　专用客车

客车、载货汽车、专项作业车、专门用途汽车统称为商用车，商用车指设计、制造和技术特性上用于运送人员和货物的汽车（乘用车除外），可以牵引挂车。

2. 按驱动方式分类

按驱动方式不同可将汽车分为发动机前置前轮驱动、发动机前置后轮驱动、发动机中置后轮驱动、发动机后置后轮驱动以及四轮驱动五类。

1）发动机前置前轮驱动车辆

如图 4.10 所示，发动机在前面，前轮为驱动轮。发动机前置前轮驱动的车辆没有传动轴，所以驾驶室平整、宽敞、舒适。

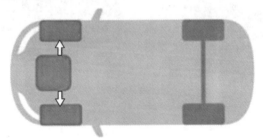
图 4.10　发动机前置前轮驱动

2)发动机前置后轮驱动车辆

如图 4.11 所示,发动机在前面,后轮为驱动轮。发动机前置后轮驱动的车辆具有较好的平衡性、控制性和稳定性,该驱动方式多用于中高级车辆中。

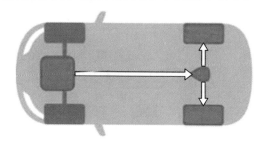

图 4.11 发动机前置后轮驱动

3)发动机中置后轮驱动车辆

发动机中置后轮驱动车辆的前后桥载荷分配均衡,操控性好,但驾驶室空间小,该驱动方式多用于高性能跑车中。

4)发动机后置后轮驱动车辆

发动机后置后轮驱动车辆的发动机置于车辆后方,驾驶室噪声小,但发动机散热不好,该驱动方式多见于客车中。

5)四轮驱动车辆

如图 4.12 所示,四轮驱动车辆的 4 个车轮都是驱动轮,地面附着率大,所以动力性和通过性好。

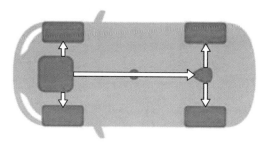

图 4.12 四轮驱动

4.2 汽车产品型号

4.2.1 产品型号的组成

汽车的产品型号由企业名称代号、车辆类别代号、主参数代号、产品序号组成,必要时附加企业自定代号。对于专用汽车及专用半挂车,还应增加专用汽车分类代号。

1. 普通汽车

普通汽车的产品型号组成如图 4.13 所示。

□—用汉语拼音字母表示；○—用阿拉伯数字表示；■—用汉语拼音字母或阿拉伯数字均可；
a—企业名称代号；b—车辆类别代号；c—主参数代号；d—产品序号；f—企业自定代号。

图 4.13　普通汽车的产品型号组成

2. 专用汽车

专用汽车的产品型号组成如图 4.14 所示。

□—用汉语拼音字母表示；○—用阿拉伯数字表示；■—用汉语拼音字母或阿拉伯数字均可；
a—企业名称代号；b—车辆类别代号；c—主参数代号；d—产品序号；e—专用汽车分类代号；f—企业自定代号。

图 4.14　专用汽车的产品型号组成

4.2.2　汽车产品型号的含义

1. 企业名称代号

企业名称代号是识别车辆制造企业的代号，用代表企业名称的两个或三个汉语拼音字母表示。如 CA 代表中国第一汽车集团，EQ 表示东风汽车公司，TJ 表示天津汽车制造厂。

2. 车辆类别代号

车辆类别代号是表明车辆所属分类的代号，用一位阿拉伯数字表示，见表 4-1。

表 4-1　车辆类别代号

车辆类别代号	车辆种类	车辆类别代号	车辆种类	车辆类别代号	车辆种类
1	载货汽车	4	牵引汽车	7	轿车
2	越野汽车	5	专用汽车	8	备用分类号
3	自卸汽车	6	客车	9	半挂车

3. 主参数代号

主参数代号是表明车辆主要特性的代号，用两位阿拉伯数字表示。不同类型汽车的主参数代号规定如下：

(1) 普通载货汽车、越野汽车、自卸汽车、半挂牵引汽车、专用汽车和半挂车的主参数代号为车辆的总质量(t)。当总质量在 100 t 以上时,允许用三位数表示。

(2)客车的主参数代号为车辆长度(m)。当车辆长度小于 10 m 时,应精确至小数点后一位,并以长度值的十倍值表示。

(3)轿车的主参数代号为发动机排量(L),应精确至小数点后一位,并以其值的十倍数值表示。

4. 产品序号

产品序号是表示一个企业的类别代号和主参数代号相同的车辆的投产顺序号,用阿拉伯数字表示。0 代表第一代产品,1 代表第二代产品,以此类推,代表车辆改款次数。

5. 专用汽车分类代号

专用汽车分类代号位于产品型号的第五部分,用反映车辆结构和用途特征的三个汉语拼音字母表示。其中,结构特征代号见表 4-2。专用汽车用途特征代号型号示例:GSN 表示水泥罐车。

表 4-2 专用汽车结构特征代号

专用汽车类型	厢式汽车	罐式汽车	专用自卸汽车	特种结构汽车	起重举升汽车	仓栅式汽车
结构特征代号	X	G	Z	T	J	C

6. 企业自定代号

企业自定代号位于产品型号的最后部分,同一种汽车,结构略有变化而需要区别时(如汽油发动机、柴油发动机,长、短轴距,单、双排座驾驶室,平、凸头驾驶室,左、右置转向盘等)可用汉语拼音字母或阿拉伯数字表示,位数也由企业自定,这是企业按需要而自行规定的补充代号。

7. 汽车产品型号举例

EQ1118:东风汽车公司生产的第九代载货汽车,总质量为 11 t。
CA7188:中国第一汽车集团公司生产的第九代轿车,发动机排量为 1.8 L。
BYD6470:比亚迪汽车有限公司生产的第一代客车,车长为 4.7 m。

4.3 车辆识别代号

车辆识别代号简称 VIN,VIN 是英文 Vehicle Identification Number 的缩写,VIN 由国际标准化组织制定和管理。正确解读 VIN,对于我们识别车型、诊断和维修都是十分重要的。

车辆识别代号就是汽车的身份证号,根据国家车辆管理标准规定,它包含了车辆的生产厂家、年代、车型、车身型式及代码、发动机代码及组装地点等信息。汽车行驶证在"车架号"一栏一般都打印 VIN。

4.3.1 车辆识别代号的组成

车辆识别代号由三个部分组成:第一部分(第 1~3 位)为世界制造厂识别代号(world manufacturer identifier,WMI);第二部分(第 4~9 位)为车辆说明部分(vehicle descriptor section,VDS);第三部分(第 10~17 位)为车辆指示部分(vehicle indicator section,VIS)。

1. 世界制造厂识别代号(WMI)

车辆识别代号(VIN)的第一部分,用以标识车辆的制造厂。当此代号被指定给某个车辆制造厂时,就能作为该厂的识别标志,世界制造厂识别代号在与车辆识别代号的其余部分一起使用时,足以保证 30 年之内在世界范围内制造的所有车辆的车辆识别代号具有唯一性。第 1 位:地理区域的代码,常见地理区域代码见表 4-3。

表 4-3 常见地理区域的字码

地理区域	字码	地理区域	字码	地理区域	字码
美国	1,4,5	中国	L,H	英国	S
加拿大	2	日本	J	法国	V
墨西哥	3	韩国	K	意大利	Z
巴西	9	德国	W	瑞典	Y

第 2 位:由国际代理机构分配的、用以标明一个特定地理区域内的一个国家或地区的字母或数字字码,根据预期的需求,可以为一个国家或地区分配一个或多个字码。

通过第 1 位和第 2 位字码的组合使用可以确保对某个国家或地区的唯一识别。国际代理机构已经为每一个国家分配了第 1 位及第 2 位字码的组合,其中分配给中国的字码组合为 L0~L9、LA~LZ、H0~H9、HA~HZ。

第 3 位:由授权机构分配、用以标明特定车辆制造厂的字母或者数字字码。通过第 1 位、第 2 位和第 3 位字码的组合使用可以确保对车辆制造厂的唯一识别。当车辆制造厂的年产量小于 1000 辆的时候,世界制造厂识别代号的第三个字码就是 9。对于此类车辆制造厂,VIN 的第 12、13、14 位字码应由授权机构指定,以确保对车辆制造厂的唯一识别。

2. 车辆说明部分(VDS)

车辆说明部分用于表明车辆的一般特征,在 4~9 位。对不同类型车辆的说明部分要求如下:

(1)轿车:种类、系列、车身类型、发动机类型及约束系统类型。
(2)多用途汽车:种类、系列、车身类型、发动机类型及车辆额定总重。
(3)载货车:型号或种类、系列、底盘、驾驶室类型、发动机类型、制动系统及车辆额定总重。
(4)客车:型号或种类、系列、车身类型、发动机类型及制动系统。

3. 车辆指示部分(VIS)

车辆指示部分由8位字码组成,其最后4位字码应是数字。每位字码的含义及规定如下:
(1)第10位:年份;年份代码按表4-4的规定使用(每30年循环一次)。
(2)第11位:装配厂。
(3)第12~17位:顺序号。

表4-4 年份代码

年份	字码	年份	字码	年份	字码	年份	字码
2001	1	2011	B	2021	M	2031	1
2002	2	2012	C	2022	N	2032	2
2003	3	2013	D	2023	P	2033	3
2004	4	2014	E	2024	R	2034	4
2005	5	2015	F	2025	S	2035	5
2006	6	2016	G	2026	T	2036	6
2007	7	2017	H	2027	V	2037	7
2008	8	2018	J	2028	W	2038	8
2009	9	2019	K	2029	X	2039	9
2010	A	2020	L	2030	Y	2040	A

注:为了防止混淆,不使用数字0和字母I、O、Q、U、Z。

4.3.2 车辆识别代码的举例

如车辆识别代码为LSVHJ1330M2221761,其具体含义如下:

第1~3位:LSV表示上海大众汽车有限公司。

第4位:H表示4门加长型折背式车身。

第5位:J表示发动机为AYJ,自动变速器为FNV。

第6位:1表示驾驶室位置有安全气囊。

第7~8位:33表示这是上海桑塔纳型轿车。

第9位:0为校验码。

第10位:M表示年份为2021年。

第11位:2表示装配厂为上海大众汽车有限公司。

第12~17位:表示车辆制造顺序号为221761。

4.3.3 车辆识别代号(VIN)的位置

VIN具有全球通用性,具有最大限度的信息承载能力和可检索性,是全世界识别车辆唯一准确的汽车"身份证",它将伴随车辆的注册、保险、年检、保养、修理、交易直至报废的全过程。

不同国家汽车生产企业在车架上打刻 VIN 的习惯不同，VIN 打刻位置也不同，一般车辆 VIN 可在仪表板左侧（挡风玻璃左下角）、车辆铭牌上、右前减震器座以及汽车后备箱处查看。如图 4.15 所示，1～20 为 VIN 可能打刻的位置，其中 1～6 最常见。

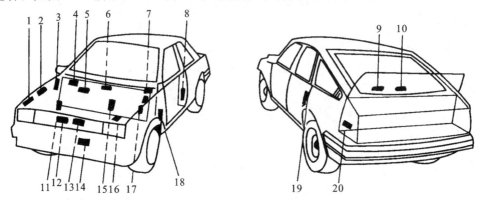

图 4.15　车辆识别代码（VIN）的位置

4.4　汽车基本结构

汽车构造对于行驶动力性、燃油经济性、操纵稳定性、乘坐舒适性、碰撞安全性、发动机排放性等性能起着至关重要的作用。传统燃油汽车主要由发动机、底盘、车身、电气设备组成，如图 4.16 所示。

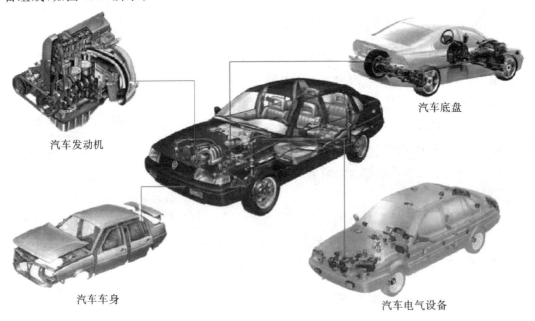

图 4.16　传统燃油汽车的组成

4.4.1 汽车发动机

发动机是汽车的动力装置,由曲柄连杆机构、配气机构、冷却系统、润滑系统、燃料供给系统、点火系统(柴油机没有点火系统)和启动系统组成。

1. 发动机的分类

汽车发动机的分类方式多样,常见的有按所用燃料分类、按冲程分类、按冷却方式分类、按气缸数目分类、按气缸排列方式分类、按进气系统是否采用增压方式分类等。

1)按所用燃料分类

发动机按照所使用燃料的不同可以分为汽油发动机(汽油机)和柴油发动机(柴油机),如图 4.17 所示。用汽油作为燃料的发动机称为汽油机,用柴油作为燃料的发动机称为柴油机。汽油机与柴油机各有特点,汽油机转速高、质量小、噪声小、启动容易、制造成本低;柴油机压缩比大、热效率高、经济性能和排放性能比汽油机好。

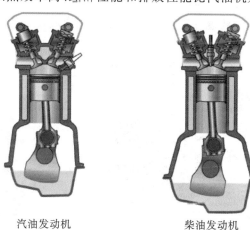

汽油发动机　　　　柴油发动机

图 4.17　汽油发动机和柴油发动机

2)按照冲程分类

发动机按照完成一个工作循环所需的冲程数可分为四冲程发动机和二冲程发动机,如图 4.18 所示。曲轴转动两周(720°),活塞在气缸内上下往复运动四个行程,完成一个工作循环的发动机称为四冲程发动机;曲轴转动一周(360°),活塞在气缸内上下往复运动两个行程,完成一个工作循环的发动机称为二冲程发动机。目前的汽车主要使用四冲程发动机。

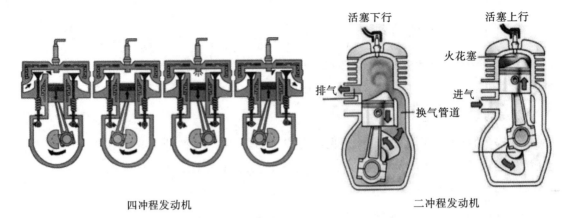

图 4.18 四冲程发动机和二冲程发动机

3) 按照冷却方式分类

发动机按照冷却方式的不同可以分为水冷发动机和风冷发动机,如图 4.19 所示。水冷发动机利用在气缸体和气缸盖冷却水套中循环的冷却液作为冷却介质进行冷却,而风冷发动机利用流动于气缸体与气缸盖外表面散热片之间的空气作为冷却介质进行冷却。水冷发动机冷却均匀,冷却效果好,广泛应用于现代汽车中。

图 4.19 水冷发动机和风冷发动机

4) 按照气缸数目分类

发动机按照气缸数目的不同可以分为单缸发动机和多缸发动机,如图 4.20 所示。仅有一个气缸的发动机称为单缸发动机;有两个及两个以上气缸的发动机称为多缸发动机,如双缸、三缸、四缸、五缸、六缸、八缸、十二缸等都是多缸发动机。现在的燃油汽车多采用四缸、六缸、八缸发动机。

单缸发动机　　　　　　　　　多缸发动机

图 4.20　单缸发动机和多缸发动机

5)按照气缸排列方式分类

发动机按照气缸排列方式的不同可以分为单列式和双列式,如图 4.21 所示。单列式发动机的各个气缸排成一列,一般是垂直布置的,但为了降低高度,有时也把气缸布置成倾斜的甚至水平的;双列式发动机把气缸排成两列,两列之间的夹角小于 180°(一般为 90°),也称为 V 型发动机,若两列之间的夹角等于 180°则称为对置式发动机。

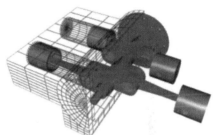

直列式发动机　　　　　　V 型发动机　　　　　　对置式发动机

图 4.21　直列式、V 型、对置式发动机

6)按照进气系统是否采用增压方式分类

发动机按照进气系统是否采用增压方式可以分为自然吸气(非增压)式发动机和强制进气(增压)式发动机,如图 4.22 所示。

非增压式发动机　　　　　　　增压式发动机

图 4.22　非增压式发动机和增压式发动机

2. 四冲程发动机的工作原理

四冲程汽油发动机的一个工作循环包括四个活塞行程,即进气冲程、压缩冲程、做功冲程和排气冲程,如图 4.23 所示。

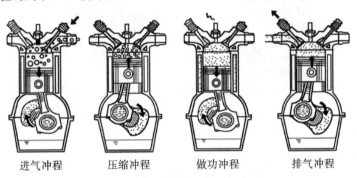

进气冲程　　压缩冲程　　做功冲程　　排气冲程

图 4.23　四冲程汽油发动机工作原理

1)进气冲程

发动机进气门开启,排气门关闭,活塞从上止点向下止点移动,活塞上方的容积增大,而气缸内的压力降低到大气压力以下,即在气缸内产生真空吸力,可燃混合气便经进气道和进气门被吸入气缸。

2)压缩冲程

为使吸入气缸的可燃混合气能迅速燃烧,必须在燃烧前将其压缩。在压缩冲程中,进、排气门全部关闭,曲轴推动活塞从下止点向上止点移动,把可燃混合气压至燃烧室。

3)做功冲程

压缩行程终了时,进、排气门仍关闭,火花塞发出电火花点燃混合气迫使活塞迅速下行,经连杆推动曲轴旋转而做功。

4)排气冲程

可燃混合气燃烧后生成的废气必须从气缸中排出,以便进行下一个进气冲程。当做功冲程终了时,排气门开启,靠废气的压力进行自由排气,活塞到达下止点再向上移动时,继续将废气强制排到大气中。

四冲程柴油机和汽油机一样,每个工作循环也经历进气、压缩、做功、排气四个冲程。它与汽油机的不同之处在于:在进气冲程时,柴油机吸入的是新鲜空气,在压缩冲程接近终了时,柴油经喷油器喷入气缸,在很短的时间内与压缩后的高温空气混合后立即自行燃烧。因此,柴油燃烧对空气温度有一定要求,这也是柴油机在低温地区或冬季难以启动的原因。

3. 发动机的总体构造

汽油机由两大机构和五大系统组成,即由曲柄连杆机构、配气机构,燃料供给系统、润滑系统、冷却系统、点火系统和启动系统组成。柴油机由两大机构和四大系统组成,即由曲柄连杆机构、配气机构,燃料供给系统、润滑系统、冷却系统和启动系统组成。柴油机是压燃的,所以不需要点火系统。

1)曲柄连杆机构

曲柄连杆机构是发动机实现工作循环、完成能量转换的主要运动零件。它由机体组、活塞连杆组和曲轴飞轮组等组成。在做功行程中,活塞承受燃气压力在气缸内做直线运动,通过连杆转换成曲轴的旋转运动,并从曲轴对外输出动力,如图4.24所示。

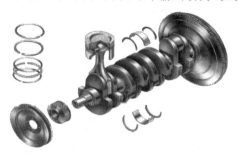

图4.24 曲柄连杆机构

2)配气机构

配气机构的功用是根据发动机的工作顺序和工作过程,定时开启和关闭进气门和排气门,使可燃混合气或空气进入气缸,并使废气从气缸内排出,实现换气过程。配气机构大多采用顶置气门式配气机构,一般由气门组、气门传动组组成,如图4.25所示。

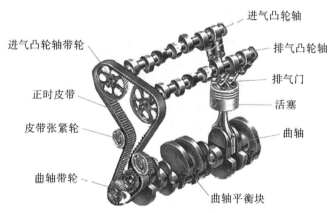

图4.25 配气机构

3)燃料供给系统

汽油机燃料供给系统的功用是根据发动机的要求,配制出一定数量和浓度的混合气供入气缸,并将燃烧后的废气从气缸内排到大气中去,如图4.26所示。柴油机燃料供给系统的功用是把柴油和空气分别供入气缸,在燃烧室内形成混合气并燃烧,最后将燃烧后的废气排出。

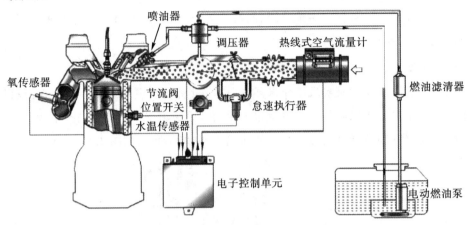

图 4.26 汽油机燃料供给系统

4)润滑系统

润滑系统的功用是向做相对运动的零件表面输送定量的清洁润滑油,以实现液体摩擦,减小摩擦阻力,减轻机件的磨损,并对零件表面进行清洗和冷却。润滑系统通常由润滑油道、机油泵、机油滤清器和一些阀门等组成,如图 4.27 所示。

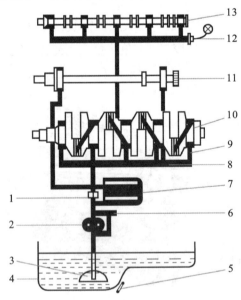

1—旁通阀;2—机油泵;3—集滤器;4—油底壳;5—放油塞;6—溢流阀;
7—机油滤清器;8—主油道;9—分油道;10—曲轴;11—中间轴;12—限压阀;13—凸轮轴。

图 4.27 润滑系统

5)冷却系统

冷却系统的功用是将受热零件吸收的部分热量及时散发出去,保证发动机在最适宜的温度状态下工作。水冷发动机的冷却系统通常由冷却水套、水泵、风扇、节温器等组成，如图4.28所示。

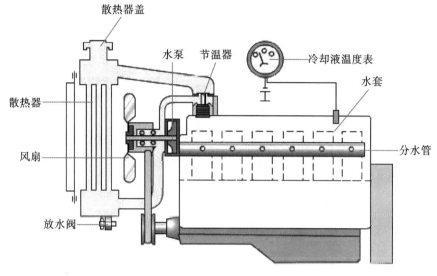

图4.28 冷却系统

6）点火系统

在汽油机中，气缸内的可燃混合气是靠电火花点燃的，为此在汽油机的气缸盖上装有火花塞，火花塞头部伸入燃烧室内。能够按时在火花塞电极间产生电火花的全部设备称为点火系统，点火系统通常由蓄电池、发电机、点火开关和火花塞等组成，如图4.29所示。

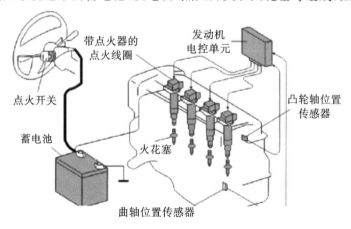

图4.29 点火系统

7）启动系统

要使发动机由静止状态过渡到工作状态，必须先用外力转动发动机的曲轴，使活塞做往复运动，气缸内的可燃混合气燃烧膨胀做功，推动活塞向下运动使曲轴旋转，发动机才能自行运转,工作循环才能自动进行。因此,从曲轴在外力作用下开始转动到发动机开始自动地怠速运转的全过程,称为发动机的启动。完成启动过程所需的装置,称为发动机的启动系统,如图 4.30 所示。

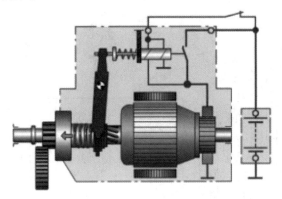

图 4.30 启动系统

4.4.2 汽车底盘

汽车底盘的作用是支撑、安装汽车发动机及其各部件、总成,形成汽车的整体造型,并接受发动机的动力,使汽车产生运动,保证正常行驶。汽车底盘由传动系统、行驶系统、转向系统和制动系统四部分组成。

1. 传动系统

汽车发动机与驱动轮之间的动力传递装置称为汽车的传动系统。

1)传动系统的作用

传动系统用于保证汽车具有在各种行驶条件下所必需的牵引力、车速,以及保证牵引力与车速之间协调变化等。传动系统应使汽车具有良好的动力性和燃油经济性,还应保证汽车能倒车,以及左、右驱动轮能适应差速要求,并使动力传递能根据需要而平稳地接合或彻底、迅速地分离。

2)传动系统的组成

传动系统一般包括离合器、变速器、传动轴、主减速器、差速器及半轴等部分,如图 4.31 所示。汽车传动系统的组成和布置形式是随发动机的类型、安装位置以及汽车用途的不同而变化的。例如,越野车多采用四轮驱动,在它的传动系统中增加了分动器等总成,而发动机前置前驱车辆的传动系统中就没有传动轴等装置。

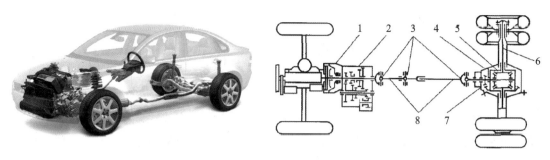

1—离合器；2—变速器；3—万向节；4—驱动桥；5—差速器；6—半轴；7—主减速器；8—传动轴。

图 4.31　传动系统

2. 行驶系统

汽车行驶系统是指支持全车并保证车辆能正常行驶的专门装置。

1）行驶系统的作用

行驶系统的作用是按受由发动机经传动系统传来的转矩，并通过驱动轮与路面间的附着作用，产生路面对驱动轮的牵引力，以保证汽车正常行驶；支持整车；传递并承受路面作用于车轮上各向反力及其所形成的力矩；尽可能缓和不平路面对车身造成的冲击，并衰减其振动，保证汽车行驶平顺性；与转向系统协调配合工作，实现汽车行驶方向的正确控制，以保证汽车操纵稳定性。

2）行驶系统的组成

汽车的行驶系统主要由车架、车桥、车轮与悬架构成，如图 4.32 所示。

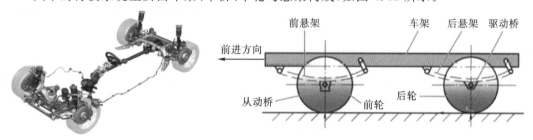

图 4.32　行驶系统

（1）车架。车架分为边梁式车架、中梁式车架、综合式车架和无梁式车架。

（2）车桥。车桥按结构可分为整体式车桥和断开式车桥，分别对应非独立悬架与独立悬架；按功能可分为转向桥、转向驱动桥、驱动桥和支持桥。

（3）车轮。车轮是外部装轮胎、中心装车轴并承受负荷的旋转部件，它是由轮毂、轮辋和轮辐组成的。按照轮辐的结构形式不同，车轮主要分为辐板式和辐条式。

（4）悬架。悬架分为非独立悬架和独立悬架。比较常用的独立悬架有麦弗逊独立悬架、双叉臂独立悬架和多连杆独立悬架等；非独立悬架一般用于货车。

3. 转向系统

汽车上用来改变或恢复行驶方向的专设机构称为汽车转向系统。

1)转向系统的作用

转向系统的功能就是按照驾驶员的意愿控制汽车的行驶方向。

2)转向系统的组成

转向系统由转向操纵机构、转向器和转向传动机构三大部分组成,如图4.33所示。转向器是将转向盘的转动变为转向摇臂的摆动或齿条轴的直线往复运动,并对转向操纵力进行放大的机构,转向器一般固定在汽车车架或车身上,能够改变转向操纵力的传动方向;转向传动机构是将转向器输出的力和运动传给车轮(转向节),并使左、右车轮按一定关系进行偏转的机构。

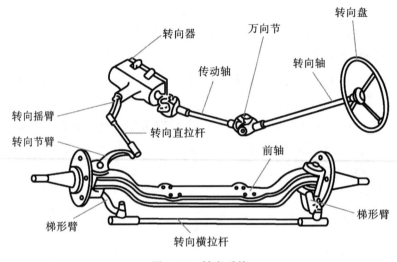

图4.33 转向系统

按转向能源的不同,转向系统可分为机械转向系统和动力转向系统两大类。机械转向系统以驾驶员的体力作为转向能源,其中所有传力件都是机械的。动力转向系统兼用驾驶员体力和发动机(或电动机)的动力作为转向能源。

3)动力转向系统的分类

动力转向系统又可分为液压助力转向系统、电子液压助力转向系统和电动助力转向系统三大类。

(1)液压助力转向系统。如图4.34所示,液压助力转向系统是在机械转向的基础之上增加了一个液压油泵和一套液压管路,由发动机的曲轴带动液压油泵产生油压实现助力。

图 4.34　液压助力转向系统

(2)电子液压助力转向系统。如图 4.35 所示,电控液压助力转向系统就是在液压助力转向的基础上,取消了液压油泵,改为电动油泵,在一定程度上降低了发动机的负荷,从而降低了燃油消耗,以实现良好的助力效果。

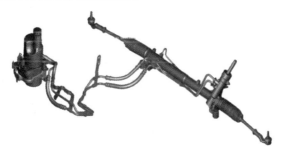

图 4.35　电子液压助力转向系统

(3)电动助力转向系统。如图 4.36 所示,电动助力转向系统利用直流电动机提供转向动力,辅助驾驶员进行转向操作。电动机械式转向系统直接通过一个电机产生转向助力,电机将其力矩施加到转向柱或转向器上。

电控助力转向除了具备电控液压助力转向系统的优点,由于没有管路的限制,还节省了空间,布置位置更加灵活。

图 4.36　电动助力转向系统

4. 制动系统

驾驶员能根据道路和交通情况,利用装在汽车上的一系列专门装置,迫使路面在汽车车轮上施加一定的与汽车行驶方向相反的外力,对汽车进行一定程度的强制制动,这套装置就是制动系统。

1) 制动系统的作用

制动系统的作用是使行驶中的汽车按照驾驶人的要求进行强制减速甚至停车;使已停驶的汽车在各种道路条件下(包括在坡道上)稳定驻车;使下坡行驶的汽车速度保持稳定。

一般来说,汽车制动系统包括行车制动装置和停车制动装置两套独立的装置。行车制动装置是由驾驶人用脚操纵的,故又称为脚制动装置(脚刹);驻车制动装置是由驾驶员用手操纵的,故又称为手制动装置(手刹)。行车制动装置的作用是使正在行驶中的汽车减速或在最短的距离内停车,而停车制动装置的作用是使已经停在各种路面上的汽车保持不动。但是,在紧急情况下,两种制动装置可同时使用,以增强汽车制动的效果。

2) 制动系统的组成

制动系统一般由制动操纵机构和制动器两个主要部分组成,主要包括供能装置(包括供给、调节制动所需能量以及改善传动介质状态的各种部件)、控制装置(包括产生制动动作和控制制动效果的各种部件,如制动踏板)、传动装置(包括将制动能量传输到制动器的各种部件,如制动主缸、轮缸)、制动器(包括产生阻碍车辆运动或运动趋势的部件)。制动系统的组成如图 4.37 所示。

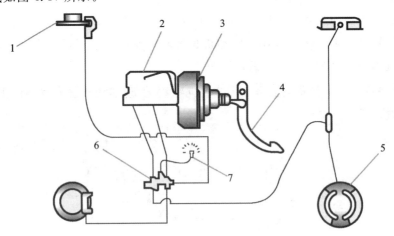

1—前轮盘式制动器;2—制动主缸;3—真空助力器;
4—制动踏板;5—后轮鼓式制动器;6—主动组合阀;7—制动警示灯。

图 4.37 制动系统的组成

3）制动系统的分类

按照制动能源，制动系统可分为人力制动系统、动力制动系统和伺服制动系统。

（1）人力制动系统。人力制动系统以驾驶人的体力作为制动能源。

（2）动力制动系统。动力制动系统以发动机动力所转化的气压力或液压力作为制动能源。

（3）伺服制动系统。伺服制动系统则是兼用人力和发动机动力作为制动能源。

此外，按照制动能量的传递方式，制动系统又可分为机械式、液压式、气压式和电磁式等几种。

4）防抱制动系统（ABS）

ABS的英文全称是 anti lock braking system，中文直译为防抱制动系统。

如图4.38所示，防抱制动系统是在常规液压制动的基础上，增加了传感器、执行器和控制模块，从而使制动更加安全。

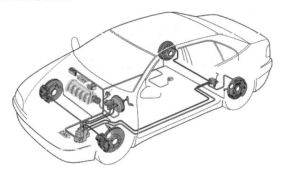

图4.38　防抱制动系统（ABS）

（1）防抱制动系统（ABS）的优点。

①制动时能保持方向的稳定性。

②缩短制动距离。

③提高轮胎使用寿命。

④制动时仍可保持良好转向能力。

（2）防抱制动系统（ABS）的组成。防抱制动系统由轮速传感器、电子控制单元（electronic control unit，ECU）和执行元件等主要部件组成。

①轮速传感器。如图4.39所示，轮速传感器安装在车轮轴承齿圈附近，它随着车轮的转动，能产生信号并传送到ABS控制模块。

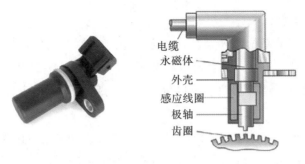

图 4.39　轮速传感器

②电子控制单元(ECU)。如图 4.40 所示为电子控制单元,其作用是将传感器的信号加以分析,命令执行元件进行操作。

图 4.40　电子控制单元

(3)防抱制动系统(ABS)的工作过程。ABS 在工作期间,需要多频次地经历保压、减压、增压三个过程,使汽车在制动过程中始终保持在最佳制动距离内。

正常制动过程如图 4.41 所示,在正常制动情况下,ABS 对汽车制动没有影响,不参加工作。当踩下制动踏板时,进油阀和出油阀都不工作,制动液从制动主缸进入制动轮缸。

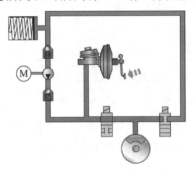

图 4.41　正常制动过程(彩图扫本章首页二维码)

①压力保持过程。如图 4.42 所示,如果 ABS 电子控制单元感测到车轮即将抱死,将关闭通往受影响回路的进油阀。此时,即使增加踏板力,车轮回路中的制动压力也不会再增加。

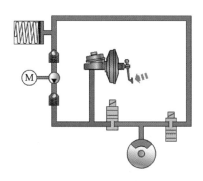

图 4.42　压力保持过程(彩图扫本章首页二维码)

②压力减小过程。如图 4.43 所示,如果制动压力不变,车轮转速继续降低,说明车轮抱死的现象没有缓解,那么接下来需要减小制动压力。

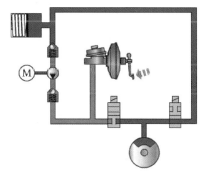

图 4.43　压力减小过程(彩图扫本章首页二维码)

为了减少制动压力,ABS 模块继续保持进油阀关闭,但脉动开启出油阀。这种减压是受控的,以使车轮滑移率重新回到最佳范围。这时车轮制动回路的制动压力下降,车轮转速重新提高。

③压力增加过程。如图 4.44 所示,如果车轮转速增加超过了最佳滑移范围,ABS 模块向进油阀发信号,增加通向受影响回路的压力。在此过程中,出油阀保持关闭,进油阀脉动开启。随着制动液在压力作用下流入轮缸,车轮制动回路的压力重新逐渐增加。

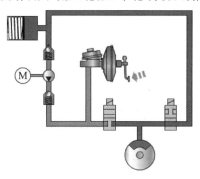

图 4.44　压力增加过程(彩图扫本章首页二维码)

4.4.3 汽车车身

汽车车身的作用主要是保护驾驶员以及构成良好的空气力学环境。好的车身不仅能带来更佳的性能，也能体现出车主的个性。从形式上说，车身主要分为非承载式和承载式两种。

1. 汽车车身的结构类型

1）非承载式车身

非承载式车身的汽车有刚性车架，又称为底盘大梁架，如图4.45所示。车身本体悬置于车架上，用弹性元件连接。车架的振动通过弹性元件传到车身上，大部分振动被减弱或消除，发生碰撞时车架能吸收大部分冲击力，在复杂路面上行驶时对车身起到保护作用，因而车厢变形小，平稳性和安全性好，而且车厢内噪声低。但这种非承载式车身比较笨重，质量大，汽车质心高，高速行驶时稳定性较差。

图4.45 非承载式车身

2）承载式车身

承载式车身的汽车没有刚性车架，只是加强了车头、侧围、车尾、底板等部位，车身和底板共同组成了车身本体的刚性空间结构，如图4.46所示。承载式车身除了其固有的承载功能外，还要直接承受各种负荷。这种形式的车身具有较大的抗弯曲和抗扭转的刚度，质量小，高度低，汽车质心低，装配简单，高速行驶时稳定性较好。但由于道路负载会通过悬架装置直接传给车身本体，因此噪声和振动较大。

图4.46 承载式车身

2. 汽车车身的组成

汽车车身主要包括覆盖件和结构件。结构件的设计和材料的强度对一辆车受撞击时的安全性起着关键性的作用。覆盖件主要起到遮风挡雨以及在受到轻微碰撞时吸收一部分能量的作用。

汽车车身通常由前车身、中间车身和后车身三大部分及相关构件组成。

前车身主要包括前保险杠、前翼子板、发动机舱盖、前围板和前纵梁等；中间车身主要包括立柱、车顶、车门；后车身主要包括后备箱盖、后翼子板和后保险杠等。汽车车身组成如图4.47所示。

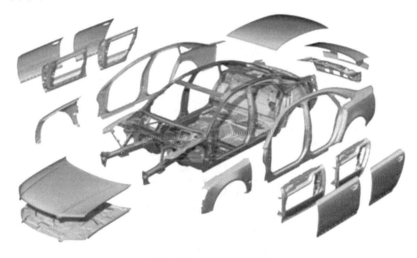

图 4.47　汽车车身组成

4.4.3　汽车电气设备

汽车电气设备主要包括蓄电池、发电机、汽车仪表、照明装置、信号装置和辅助电气等。

1. 蓄电池

蓄电池的作用是供给启动机用电，在发动机启动或低速运转时向发动机点火系统及其他用电设备供电。当发动机高速运转时，发电机发电充足，蓄电池可以存储多余的电能。蓄电池上每个单电池都有正、负极柱，如图4.48所示。其识别方法为，正极柱上刻有"＋"号，呈深褐色，负极上刻有"－"号，呈淡灰色。

图 4.48　蓄电池

2. 发电机

发电机是汽车的主要电源,其作用是在发动机正常运转时向所有用电设备(启动机除外)供电,同时向蓄电池充电。

汽车用发电机可分为直流发电机和交流发电机,交流发电机在许多方面优于直流发电机,直流发电机已被淘汰。交流发电机如图 4.49 所示。

图 4.49　交流发电机

3. 汽车仪表

为了使驾驶员能够掌握汽车及各系统的工作情况,在汽车驾驶室内的仪表板上装有各种指示仪表、指示灯及各种信号报警装置。汽车上常用的仪表有车速里程表、发动机转速表、燃油表、机油压力表、冷却液温度表等,它们通常与各种信号灯一起安装在仪表板上,称为组合仪表,如图 4.50 所示。

图 4.50 汽车仪表

4. 照明装置

汽车照明装置是汽车安全行驶的必备装置之一,主要包括外部照明灯和内部照明灯。汽车照明灯按照其安装的位置及作用分为前照灯、雾灯、牌照灯、仪表灯、顶灯和工作灯等。

5. 信号装置

汽车信号装置分为声音信号和灯光信号。声音信号包括倒车提示、行车记录仪、安全带、车门未关提示等;灯光信号包括小灯、制动灯、倒车灯、转向灯、危险警报灯及仪表上的指示灯等。汽车信号装置的作用是通过声、光信号向其他车辆的驾驶员和行人发出有关车辆运行状况或状态的信息以引起有关人员注意,确保车辆行驶安全。

6. 辅助电气

汽车辅助电气系统主要向舒适、娱乐、保障安全等方面发展。汽车辅助电气系统主要包括:电动刮水系统、风窗玻璃洗涤系统、风窗除霜装置、电动车窗、电动后视镜、电动座椅、汽车防盗系统等。

思考题

1. 简述汽车的分类。
2. 汽车产品型号由哪几部分组成?请举例说明。
3. 车辆识别代码由哪几部分组成?请举例说明。
4. 传统燃油汽车由哪几部分组成?请简述各部分的作用。
5. 请简述发动机的分类。
6. 请简述汽车四冲程发动机的工作原理。
7. 请简述发动机的组成及作用。
8. 请简述底盘的组成及作用。
9. 请简述防抱制动系统(ABS)的工作过程。
10. 请简述汽车车身的类型及组成。

第5章 现代汽车科技

教学目标

1. 了解汽车电子化；
2. 了解汽车网络化；
3. 掌握新能源汽车的类型、结构、原理及特点；
4. 了解智能网联汽车。

导入案例

2020年10月，国务院办公厅印发《新能源汽车产业发展规划（2021—2035年）》，要求深入实施发展新能源汽车国家战略，推动中国新能源汽车产业高质量可持续发展，加快建设汽车强国。

2021年，全年新能源汽车产量367.7万辆，比上年增长152.5%，结束了连续三年的负增长。中国汽车工业协会最新统计显示，2022年中国新能源汽车产销分别完成705.8万辆和688.7万辆，同比分别增长96.9%和93.4%，连续8年保持全球第一。

请问：新能源汽车包括哪些类型？新能源汽车如何进行充电？

从20世纪80年代开始，以计算机广泛应用为标志的"信息时代"席卷全球，也引发了汽车新技术革命——汽车电子化时代的到来。信息、能源和材料等科学技术的发展，为汽车向安全、节能、环保、智能化、网络化发展拓展了无限空间。

5.1 汽车电子化

随着汽车智能化、电动化趋势的影响，电子技术在汽车的各个领域被广泛使用。汽车电子控制装置主要包括发动机控制系统、底盘控制系统和车身电子控制系统等。电子技术的应用提高了汽车的动力性、经济性和安全性，改善了汽车行驶的稳定性和舒适性，推动了汽车产业的快速发展。

汽车电子控制系统主要包括发动机管理系统、制动防抱死系统、驱动防滑系统、电子稳定程序控制系统、四轮转向系统、电控悬架、巡航控制系统、安全气囊系统等。

5.1.1 发动机管理系统(EMS)

发动机管理系统(engine management system,EMS)由电控单元控制发动机燃油喷射、点火时刻、怠速和排放等。发动机工作时,电控单元根据控制程序和各传感器输入的信号控制发动机的燃油喷射、点火时刻、怠速、燃油箱的燃油蒸气和废气再循环等。典型的发动机电子控制系统有博世公司的莫特朗尼克系统、福特汽车公司的发动机电子控制系统、通用汽车公司的数字燃油喷射系统等。

5.1.2 防抱制动系统(ABS)

1936年,德国博世公司取得了ABS专利权。该系统是由装在车轮上的电磁式转速传感器和控制液压的电磁阀组成的。1954年,美国福特公司首次把法国生产的民航机用ABS应用在林肯牌轿车上。这次试装虽然以失败告终,但揭开了在汽车上应用ABS的序幕。1957年,福特公司与Kelsey Hayes公司联合开发ABS,1968年达到预期目标。1971年,德国博世公司推出了电子ABS,并从开始的集成电路控制发展为微机控制。

ABS根据传力介质不同,可分为液压式和气压式两类。气压式ABS是利用压缩空气作为传动介质的,一般用在货车和大型客车上。液压式ABS是利用制动液作为传动介质的,主要用在轿车、小型客车上。

当ABS工作时,电控单元根据各车轮转速传感器的检测信号和控制程序,调节各制动轮缸的制动压力,使车轮的滑移率控制在10%~30%,使汽车在获得最大制动力的同时保持制动时的方向稳定性和转向操纵性。

5.1.3 驱动防滑系统(ASR)

驱动防滑系统(acceleration slip regulation,ASR)又称牵引控制系统(traction control system,TCS),其作用是控制驱动轮的驱动滑移率,以保持汽车行驶时的方向稳定性,可提高车轮与路面间的纵向附着能力,为汽车提供最大的驱动力。

5.1.4 电子稳定程序控制系统(ESP)

ABS和ASR成功地解决了汽车在制动和驱动时的方向稳定性问题,但不能解决汽车转向行驶时的方向稳定性问题,因此,人们在ABS和ASR的基础上发展出了电子稳定程序控制系统(electronic stability program,ESP)。电子稳定程序控制系统又称汽车动态控制系统,该系统把汽车的制动、驱动、悬架、转向、发动机等各主要总成的控制系统在功能上、结构上有机地综合在一起,可使汽车在各种恶劣工况下都具有良好的方向稳定性,表现出最佳的行驶性能。

5.1.5 四轮转向系统(4WS)

四轮转向系统(four wheel steering,4WS)是在前轮转向的基础上增加后轮转向机构和电子控制系统,转向时能够实现汽车前、后4个车轮的转向和控制。4WS不仅提高了汽车在高速时的稳定性和可控性,而且提高了汽车在低速时的机动性。

5.1.6 电控悬架

随着汽车制造研发水平的不断提高,人们对于汽车的操控性和舒适性有了更高的要求。其中,汽车减震系统起着至关重要的作用。电控悬架系统能够根据车身高度、车速、转向角度及速率、制动等信号,由电子控制单元控制悬架执行机构,使悬架系统的刚度、减震器的阻尼力及车身高度等参数得以改变,从而使汽车具有良好的乘坐舒适性、操纵稳定性以及通过性。

目前电控悬架主要有空气悬架、液压悬架、电磁悬架以及电子液力悬架四种形式。

5.1.7 巡航控制系统(CCS)

巡航控制系统(cruise control system,CCS)又称为速度控制系统,是在一定的车速范围内,驾驶员不用控制加速踏板而能保证汽车以设定速度稳定行驶的一种电子控制装置。装有这种装置的汽车在高速公路上行驶时,驾驶员不需要频繁踩油门踏板,汽车自动维持预先设定的车速,从而大大减轻驾驶员的疲劳程度,提高汽车行驶稳定性、安全性、舒适性和燃料经济性。

5.1.8 安全气囊系统(SRS)

安全气囊系统又称为辅助约束系统(supplemental restraint system,SRS)或气体发生器式辅助约束系统(supplemental inflatable restraint system,SIR)。安全带和安全气囊系统是汽车重要的被动约束系统。

安全气囊系统是一种被动安全技术,它与座椅安全带配合使用,可以为乘员提供有效的防撞保护。在汽车相撞时,汽车安全气囊可使头部受伤率减少25%,面部受伤率减少80%左右。安全气囊弹出过程如图5.1所示。

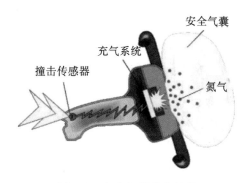

图 5.1 安全气囊弹出过程

5.2 汽车网络化

随着电子技术在汽车上的广泛应用,汽车上的控制模块越来越多,如果仍然采用常规的布线方式,将导致车上导线的数目急剧增加,不仅会增加成本,降低车辆的可靠性,也会增加维修难度。为便于多个控制器(控制模块)之间相互连接、协调工作和信息共享,汽车控制器局域网络(controller area network,CAN)应运而生。

5.2.1 CAN 总线(CAN-BUS)

在现代轿车的设计中,CAN 总线已成为汽车网络的标准装备,各汽车公司都采用了 CAN 作为控制器联网的手段。目前汽车上的网络连接方式通常采用 2 条 CAN,一条用于驱动系统的高速 CAN,速率达到 500 kb/s;另一条用于舒适系统的低速 CAN,速率是 100 kb/s。高速 CAN 的主要连接对象是发动机控制器、ABS 及 ASR 控制器、安全气囊控制器等。低速 CAN 主要连接和控制汽车内外部照明、灯光信号、空调、组合仪表及其他辅助电器等。

CAN 具有多主节点、开放式结构、错误检测及自恢复能力等优点。CAN 总线的通信介质可以是双绞线、同轴电缆或光导纤维,通信速率为 5 kb/s~2 Mb/s,通信距离与通信速率成反比,可达 0.01~10 km,可完全满足汽车网络通信的要求。CAN 协议的一个最大特点是废除了传统的站地址编码,而代之以对通信数据块进行编码,使网络内的节点个数在理论上不受限制。

5.2.2 局部连接网络(LIN)

局部连接网络(local interconnect network,LIN)是由奥迪、宝马、大众和沃尔沃等公司联合提出的一个汽车底层网络协议。其目的是搭建一个价格低廉、性能可靠的低速网络,在汽车网络层次结构中作为低端网络的通用协议,逐渐取代各种各样的低端总线系统。

LIN 网络及其开发应用会降低车上电子系统开发、生产、使用和维护的成本。按 SAE 的汽车网络等级标准,LIN 属于 A 级网络,其典型的应用是车载传感器和执行器的联网。LIN 网络主要应用于车门、转向盘、电动座椅和后视镜等。

5.2.3 FlexRay 网络

随着汽车电子控制系统、通信系统的发展以及"线控"(conrtol by wire,CBW)系统的增加,人们对汽车网络提出了更高的要求。一些基于事件触发的总线系统,如 CAN 总线,已经不能满足要求,尤其是不能满足分布式控制系统对通信时间离散性及延迟的要求。在这样的背景下,出现了一些数据传输速度高、可靠性高、通信时间离散度小并且延迟固定的车上通信网络标准,这些标准都支持时间触发通信方式。这类汽车网络协议标准中比较典型的有 FlexRay、Byteflight 等。

FlexRay 是一个为汽车应用系统高层网络和"线控"系统开发的通信标准,在提高数据传输率的条件下,能够满足汽车安全要求的可靠性指标。FlexRay 不仅是一个通信协议,而且也是包括特殊定义的高速发送和接收驱动器,以及各种 FlexRay 元件的硬件和软件接口标准。在汽车控制系统中,FlexRay 被用于底盘控制、车身控制和动力传动系统控制。FexRay 系统适用于多种网络拓扑结构,包括总线结构、星形结构以及多星形结构,它的数据传输速度达到 5 Mb/s,节点数可达 64 个。

奥迪 A8 使用 FlexRay 网络可以实现驾驶动态控制、车距控制、自适应巡航控制和图像处理等功能。

5.2.4 面向媒体的信息传输系统——MOST 网络

MOST(media oriented systems transport)是一个面向媒体的信息传输系统,利用光导纤维作为信息传导媒介,进行数字信号的传输。MOST 的传输速率高达 150 Mb/s。在传输过程中,各控制元件先将电磁脉冲信号转化为光脉冲信号,传送到光纤上,随后相应的接收计算机又将光脉冲信号转换回电磁脉冲信号,从而完成相应的控制功能。由于 MOST 系统的高传输速率,它可以做到只用两根光纤即可同时传递多路信号。

MOST 网络具有以下特点:

(1)在保证低成本的条件下,达到高的数据传输速度。

(2)不需要额外的主控计算机系统,结构灵活、性能可靠、易扩展。

(3)使用光纤作为信息传输介质,可以连接视听设备、通信设备以及信息服务设备或支持"即插即用"方式,在网络上可以随时添加和去除设备。

(4)支持声音和压缩图像的实时处理,支持数据的同步和异步传输等。

MOST 网络的特点非常适应汽车多媒体设备应用环境的需要,具有可靠、成本低、系统简单、结构灵活、数据兼容性好和良好的抗电磁干扰性能。随着车载信息设备的不断增加,通过声控系统访问这些设备是最安全和最经济的方式,MOST网络是首选人机接口方式,通过MOST网络将人机语音接口与车上多媒体设备、通信设备以及其他信息设备连接起来,即可实现车载语音设备与操作者的对话。

MOST网络可以实现实时传输声音和视频,以满足高端汽车娱乐功能的需求,主要用于车载电视、车载电话、车载CD、DVD、导航等系统的控制中,也可以用于车载摄像头等行车系统。

5.3 新能源汽车

新能源汽车是指采用非常规的车用燃料作为动力来源(或使用常规的车用燃料、采用新型车载动力装置),综合车辆的动力控制和驱动方面的先进技术,形成的技术原理先进、具有新技术、新结构的汽车。

新能源汽车包括纯电动汽车、混合动力电动汽车、燃料电池电动汽车、氢发动机汽车等。

5.3.1 纯电动汽车

纯电动汽车,是完全由可充电电池(如铅酸电池、镍镉电池、镍氢电池或锂离子电池)提供动力源的汽车。纯电动汽车完全通过外接电源充电获得能量,当动力蓄电池能量耗尽时,汽车就不能继续行驶。

1. 纯电动汽车的特点

纯电动汽车的电动机相当于内燃机汽车的发动机,蓄电池或其他能量储存装置相当于内燃机汽车油箱中的燃料。

1)纯电动汽车的优点

(1)零排放。纯电动汽车使用电能,在行驶中无尾气排放,不污染环境。

(2)能源效率高。汽车在城市中运行时,通常走走停停,行驶速度不高,而电动汽车停止时不消耗电量,在制动过程中,电动机可自动转化为发电机,实现制动减速时能量的再利用,具有更高的能源效率。

(3)动力性好。电动汽车在驾驶中无丝毫换挡引起的顿挫,电动机响应迅速,低转速扭矩大。电动汽车最大的特点就是在起步时就可以输出接近最大的输出扭矩。

(4)噪声低。电动汽车没有传统汽车内燃机产生的噪声,电动机噪声也较小。

2)纯电动汽车的缺点

(1)续驶里程较短,受季节温度影响较大。

(2)配套设施不完善。

(3)安全性较差。

随着电动汽车技术的突破,特别是动力蓄电池容量和循环寿命的提高,以及价格的降低,电动汽车的市场前景一定会更加广阔。

2. 纯电动汽车的结构

纯电动汽车与内燃机汽车相比,取消了发动机,底盘上的传动机构发生了改变,根据驱动方式不同,有些部件被简化或省去,并增加了电源系统和驱动电动机系统等。

典型纯电动汽车的组成如图 5.2 所示,主要包括电源系统、驱动电动机系统、整车控制器和辅助系统等。动力电池输出电能,通过电动机控制器驱动电动机运转产生动力,再通过减速机构将动力传给驱动车轮,使电动汽车行驶。

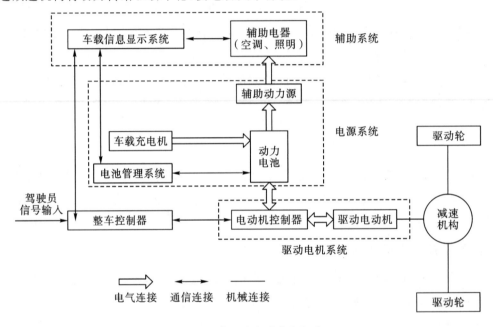

图 5.2 典型纯电动汽车组成

1)电源系统

电源系统主要包括动力电池、电池管理系统、车载充电机及辅助动力源等。

(1)动力电池。动力电池是电动汽车的动力源,是能量的存储装置,也是目前制约电动汽车发展的关键因素,要使电动汽车与内燃机汽车相竞争,关键是开发出比能量高、比功率大、使用寿命长、成本低的动力电池。目前的纯电动汽车以锂离子蓄电池为主。

(2)电池管理系统。电池管理系统实时监控动力电池的使用情况,对动力电池的端电压、内阻、温度、电解液浓度、当前电池剩余电量、放电时间、放电电流或放电深度等动力蓄电池状态参数进行检测,并按动力电池对环境温度的要求进行调温控制,通过限流控制来避免动力电池过充、放电,对有关参数进行显示和报警。

(3) 车载充电机。车载充电机是把电网供电制式转换为对动力电池充电要求的制式,即把交流电转换为相应电压的直流电,并按要求控制其充电电流。

(4) 辅助动力源。辅助动力源一般为 12 V 或 24 V 的直流低压电源,它主要是给动力转向、制动力调节控制、照明、空调、电动门窗等各种辅助用电装置提供所需的能源。

2) 驱动电动机系统

驱动电动机系统主要包括电动机控制器和驱动电动机。

(1) 电动机控制器。电动机控制器是按照整车控制器的指令驱动电动机的转速和电流反馈信号等,对驱动电动机的转速、转矩和旋转方向进行控制。

(2) 驱动电动机。驱动电动机在纯电动汽车中承担着驱动和发电的双重功能,即在正常行驶时发挥其主要的驱动功能,将电能转化为机械旋转能;而在减速和下坡滑行时进行发电,承担发电机功能,将车轮的惯性动能转换为电能。

3) 整车控制器

整车控制器根据驾驶员输入的加速踏板和制动踏板的信号,向电动机控制器发出相应的控制指令,对电动机进行启动、加速、减速和制动控制。在纯电动汽车减速和下坡滑行时,整车控制器配合电源系统的电池管理系统进行发电回馈,使动力蓄电池反向充电。整车控制器还对动力蓄电池充放电过程进行控制,对于与汽车行驶状况有关的速度、功率、电压、电流及有关故障诊断等信息,还需传输到车载信息显示系统。

4) 辅助系统

辅助系统包括车载信息显示系统、动力转向系统、导航系统、空调、照明等,借助这些辅助设备提高汽车的操纵性和乘员的舒适性。

3. 纯电动汽车的工作原理

纯电动汽车工作时,整车控制器根据驾驶员输入的加速踏板和制动踏板信号,向电动机控制器发出相应的控制指令,对电动机进行启动、加速、减速及制动控制等。当电动汽车行驶时,储存在动力蓄电池中的电能通过电动机控制器输送给驱动电动机,驱动电动机通过减速机构将电能高效地转化为驱动车轮的动能,使车轮转动,驱动汽车起步、行驶和加速。

当汽车制动减速或下坡滑行时,动力蓄电池停止向电动机供电,驱动轮反过来作用于电动机,经控制器将车轮的动能转化为电能充入蓄电池,进行制动能量回收。

4. 充电桩

充电桩是指固定安装在电动汽车外、输入端与交流电网连接、采用传导方式为具有车载充电机的电动汽车提供常规充电和快速充电的装置。其一般由桩体、充电插座、保护控制装置、计量装置、读卡装置及人机交互界面等组成。按安装方式,可分为落地式充电桩、挂壁式充电桩。

1)落地式充电桩

如图5.3所示为落地式充电桩,落地式充电桩适合安装在不靠近墙体的停车位。

图5.3 落地式充电桩

2)挂壁式充电桩

如图5.4所示为挂壁式充电桩,挂壁式充电桩适合安装在靠近墙体的停车位。

图5.4 挂壁式充电桩

5.充电方式

电动汽车的充电方式主要有交流慢充、直流快充、更换动力电池包及无线充电等。

1)交流慢充

交流慢充是指采用小电流在较长的时间内对动力电池进行慢速充电,常规动力电池均采用小电流的恒压恒流三段式充电,充电时间约5~10 h。

(1)交流慢充的优点。交流慢充的优点是充电装置和安装成本较低;可充分利用电力低谷时段进行充电,降低充电成本,保证充电时段电压相对稳定。

(2)交流慢充的缺点。交流慢充的缺点充电时间过长,难以满足车辆快速补能的需求。

2)直流快充

交流慢充的充电时间一般比较长,给车辆使用带来许多不便。直流快充模式的出现为电动汽车的商业化提供了技术支持。直流快充又称为应急充电,是指以较大的电流在 12 min～1 h 的时间内为电动汽车进行快速充电的方式。

(1)直流快充的优点。直流快充的优点是充电时间短,便利性好。

(2)直流快充的缺点。直流快充的缺点是充电装置安装成本和工作成本较高;充电电流大对充电的技术要求高,对电池的寿命有极大影响,并存在安全隐患。

3)更换动力电池包

采用更换动力电池包的方法迅速补充电能,整个更换过程可以在 10 min 内完成。

(1)更换动力电池包的优点。电池更换方式可以利用低谷时段给动力电池充电,同时又能在很短的时间内完成电动汽车电能补给;电池更换方式还可以及时发现电池组中电池单体的问题,对于电池的维护工作具有积极意义。

(2)更换动力电池包的缺点。基础设施建设成本较高,占用场地大,电网配套要求高;需要电动汽车行业众多标准的严格统一;动力电池租赁运作复杂、成本高。

4)无线充电

如图 5.5 所示为无线充电,无线充电即感应式充电,充电装置和汽车接收装置之间不采用直接接触的方式,而是由分离的高频变压器组合而成,通过感应涡合,无接触地传输能量。采用感应涡合方式充电,可以避免接触式充电的缺陷。无线充电装置的类型主要分为三种:电磁感应式、磁共振式和微波式。

图 5.5　无线充电

无线充电具有使用方便、安全、可靠,没有电火花和触电的危险,无积尘和接触损耗,无机械磨损,没有相应的维护问题,可以适应雨雪等恶劣天气等优点。无线充电是充电技术未来的发展方向之一,如果可以实现电动汽车的动态无线充电,则可以大幅度减小电动汽车配备的动力蓄电池容量,从而减小车体质量,降低电动汽车的运行成本。

5.3.2　混合动力电动汽车

混合动力电动汽车可以使用纯电动模式驱动车辆行驶,当电能不足时,启动发动机,车辆可以混合模式行驶。混合动力电动汽车可分为插电式混合动力电动汽车(plug-in hybrid vehicle,PHEV)和增程式电动汽车(range extended electric vehicles,EREV)。

插电式混合动力电动汽车的特点是纯电动行驶里程较长,电池可通过外部电网充电,主要满足 60 km 内的燃油经济性最佳、城市内尾气排放最低的要求。

增程式电动汽车是一类电气化程度更高、更加接近纯电动的混合动力电动汽车。当车载可充电储能系统无法满足续航里程要求时,可打开车载辅助供电装置为动力系统提供电能,以延长续航行驶里程。

按照混合动力驱动模式分类,混合动力电动汽车可分为串联式混合动力汽车、并联式混合动力汽车和混联式混合动力汽车三类;按混合强度可分为微混合、轻度混合、中度混合和完全混合动力汽车等类型。

1. 串联式混合动力电动汽车

串联式混合动力电动汽车行驶系统的驱动力只来源于电动机,结构特点是发动机带动发电机发电,电能通过电动机控制器输送给驱动电动机,由电动机驱动车辆行驶。另外,动力电池也可以单独向驱动电动机提供电能驱动车辆行驶。

1)串联式混合动力汽车的结构

串联式混合动力电动汽车的系统结构如图 5.6 所示,主要由发动机、发电机、功率转换器、驱动电动机及电动机控制器、动力电池系统及车载充电机等部件组成。

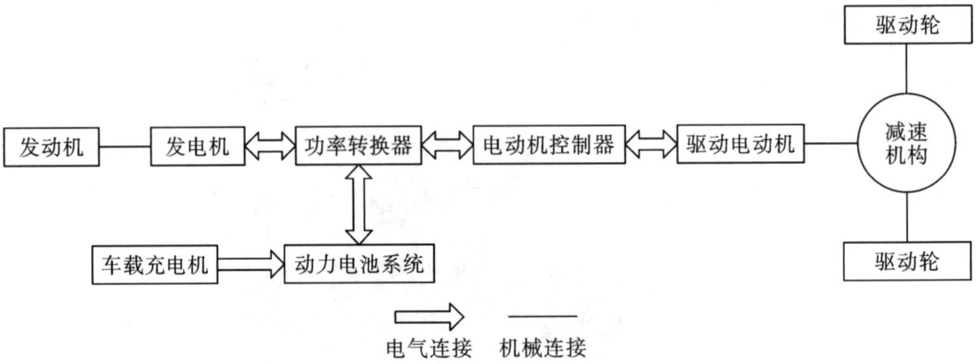

图 5.6　串联式混合动力电动汽车系统结构

发动机与发电机直接连接产生电能,驱动电动机或者给动力电池充电。驱动电动机直接与驱动桥相连,汽车行驶时的驱动力由驱动电动机输出。当动力电池的荷电状态值降到一个预定值时,发动机即开始对动力电池进行充电,来延长混合动力电动汽车的续航里程。

另外,动力电池系统还可以单独向驱动电动机提供电能来驱动电动汽车,使混合动力电动汽车在零污染状态下行驶。

2)串联式混合动力电动汽车的工作模式

串联式混合动力电动汽车的工作模式通常有四种:纯电动模式、纯发动机驱动模式、混合驱动模式和再生制动模式。

（1）纯电动模式。发动机关闭，车辆行驶完全依靠电池组供电驱动。

（2）纯发动机驱动模式。该模式仅在发动机运行情况下驱动车辆，蓄电池电力充足时作为储备，不足时，发动机同时为其充电。

（3）混合驱动模式。通过发动机与电池组共同向电动机提供电力，驱动整车前进。

（4）再生制动模式。驱动电动机运行在发电机状态，通过消耗车辆本身的动能产生电能向蓄电池充电。

3) 串联式混合动力电动汽车的优点

（1）发动机独立于行驶工况，使发动机运转始终处于高效率区域，避免在低速和怠速区域所造成的能源浪费、排放差的情况，因此，提高了发动机的经济性和排放性。

（2）串联式结构使混合动力系统只有单一的驱动路线，动力系统的控制策略较为简单。

（3）动力电池具有储能作用，能够根据驱动功率的需求对电动机进行功率补充，发动机用于储能，因此可以选择功率较小的发动机。

（4）发电机和电动机之间采用电气连接，发动机只与发电机采用机械连接，使传动系统及底盘的布置具有较大的空间和灵活性，有利于整车传动系统的布置。

（5）当发动机关闭时，可实现纯电动模式的行驶，发动机可以延长汽车的续航里程。

4) 串联式混合动力电动汽车的缺点

（1）串联系统只能由电动机驱动车轮，在化学能转化为机械能、机械能转化为电能、电能再转化为机械能的过程中，能量损失较大，降低了能量利用率。

（2）动力蓄电池就像一个调节水库，除了要满足发电机的输出功率，还要使充放电水平处于合理的区间内，避免充电过度和放电过度，这需要容量较大的动力电池，增加了电池成本和质量。

（3）由于只有电动机直接驱动，因此需要较大功率的电动机，增加了整车的质量和成本。

2. 并联式混合动力电动汽车

并联式混合动力电动汽车有发动机和电动机两套驱动系统，它们可以分开工作，也可以一起协调工作，共同驱动。并联式混合动力电动汽车适用于小型汽车，适应在城市道路和高速公路上行驶。

1) 并联式混合动力电动汽车的结构

并联式混合动力电动汽车系统的结构如图5.7所示，主要由发动机、驱动电动机及电动机控制器、动力电池系统、车载充电机、动力耦合器等部件组成，有多种组合形式，可以根据使用要求进行设计。并联式混合动力系统采用发动机和驱动电动机两套独立的驱动系统。发动机和驱动电动机通过动力耦合器、减速机构来驱动车轮。可以采用发动机单独驱动、驱动电动机单独驱动或者发动机和驱动电动机混合驱动三种工作模式。

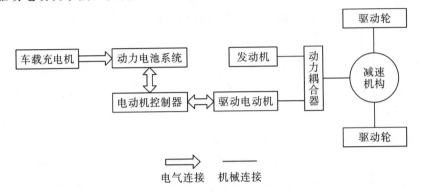

图 5.7　并联式混合动力电动汽车系统结构

2)并联式混合动力电动汽车的工作模式

并联式混合动力电动汽车的工作模式有纯电动模式、纯发动机驱动模式、混合驱动模式和再生制动模式。

(1)纯电动模式。当混合动力电动汽车处于起步、低速等轻载工况且蓄电池的电量充足时,关闭发动机,由蓄电池提供能量并以电动机驱动车辆行驶。

(2)纯发动机驱动模式。当混合动力电动汽车以高速平稳运行,或者行驶在城市郊区等排放要求不高的地方时,可由发动机单独工作驱动车辆行驶。若蓄电池荷电状态未达到最高限值时,发动机除了要提供驱动车辆所需的动力外,多余能量用于带动发电机给蓄电池充电。

(3)混合驱动模式。当混合动力电动汽车处于急加速或者爬坡时,发动机和电动机均处于工作状态,电动机作为辅助动力源协助发动机,提供车辆急加速或者爬坡时所需的功率。

(4)再生制动模式。当混合动力电动汽车减速或者制动时,发动机不工作,电动机以发电机模式工作发电,然后给蓄电池充电,将回收的制动能量存储在蓄电池中,在必要时释放能量驱动车辆行驶,使能量利用率提高,从而提高整车燃料经济性。

3)并联式混合动力电动汽车的特点

并联式混合动力电动汽车的优点:①良好的燃料经济性。并联式结构布置两套动力传递路线,可根据实际工况选择不同的动力输出路线和动力组合,具有更强的选择性和适应性,避免能量在多次转换中浪费和损失,提高了燃料经济性。②良好的动力性。当高负荷运行时,发动机和电动机动力耦合,同时对汽车进行驱动,具有良好的动力性。③系统稳定性较高。并联式结构布置两套独立的动力传递路线,当一条传递系统出现故障时,可以启用另外一条传递路线,保证汽车的正常运行。④电池容量和电动机功率较小。由于发动机可以单独驱动,也可以和电动机共同驱动汽车,因此可以选择功率较小的电动机。并联式的电动机作为辅助动力,所需动力电池容量较小。

并联式混合动力电动汽车的缺点:①控制策略较复杂。并联插电式混合动力电动汽车具有两条驱动路线,可以单独或耦合参与驱动,多种驱动模式之间的切换以及两种动力的耦合控制比较复杂。②整车布置复杂。由于存在两套动力系统,并且发动机和驱动轴之间存在机械连接以及考虑两种动力的耦合,使底盘的布置更加复杂。③排放性能相对较差。不同驱动模式之间的切换使发动机频繁点火启动、熄火,发动机不能稳定在高效率区域工作,致使排放性能较差。④纯电动模式续航里程较短。

3. 混联式混合动力电动汽车

混联式混合动力电动汽车是串联混动和并联混动的结合。通过特定的结构元件,使车辆能够在串联或者并联混动模式中随意切换。

混联式混合动力电动汽车适用于各种类型的汽车,适应在各种道路上行驶。

1)混联式混合动力电动汽车的结构

混联式混合动力电动汽车的结构如图5.8所示。混联式混合动力电动汽车主要由发动机、发电机、功率转换器、驱动电动机及电动机控制器、动力耦合器、动力电池系统等部件组成。发动机发出的功率一部分通过机械传动系输送给驱动桥,另一部分驱动发电机发电。发电机发出的电能输送给电动机或动力电池,驱动电动机产生的驱动力矩通过动力耦合器传送给驱动桥。

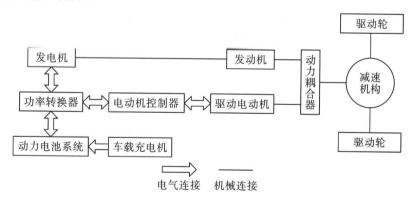

图5.8 混联式混合动力电动汽车结构

混联式驱动系统的控制策略是:行驶时优先使用纯电动模式,在动力电池的荷电状态降到一定限值时,切换到混合动力模式。启动、低速时使用串联式系统的发电机发电,电动机驱动汽车车轮行驶;加速、爬坡、高速时使用并联式系统,主要由发动机驱动汽车车轮行驶。发动机多余能量可带动发电机发电,给动力电池充电。

2)混联式混合动力电动汽车的工作模式

混联式混合动力电动汽车的工作模式有纯电动模式、纯发动机驱动模式、混合驱动模式和再生制动模式。

(1)纯电动模式。车辆由蓄电池通过功率转换器向电动机供电,电动机通过动力耦合器提供驱动功率。

(2)纯发动机驱动模式。该模式下发动机单独向车辆提供驱动功率,若蓄电池荷电状态未达到最高限值时,发动机除了要提供驱动车辆所需的动力外,多余能量用于带动发电机给蓄电池充电。

(3)混合驱动模式。车辆的驱动功率由蓄电池和发动机共同提供,并通过动力耦合器合成后,经过减速机构向车轮提供动力。

(4)再生制动模式。当混合动力电动汽车减速或者制动时,电动机以发电机模式工作然后给蓄电池充电,将回收的制动能量存储在蓄电池中。

3)混联式混合动力电动汽车的特点

混联式混合动力电动汽车的优点:①低排放性和低油耗性。应对复杂的运行工况,混联式混合动力电动汽车具有多种驱动模式,能保证发动机在最佳工作区域工作,最大限度降低有害气体排放,提高燃料经济性。②较强的动力性。在加速或高速运行时,动力系统主要以并联模式运行,发动机和电动机同时提供驱动力,为汽车运行提供较强动力。③较好的舒适性。启动以及中速以下行驶时,电动机独立驱动车辆行驶,减小了噪声,提高了舒适性。

混联式混合动力电动汽车的缺点:①控制策略较复杂。混联式混合动力电动汽车有两套动力系统,它们可以单独驱动或耦合参与驱动,使该结构具有多种驱动模式,多种驱动模式之间的切换以及两种动力的耦合控制比较复杂。②整车布置复杂。由于存在两套动力系统,并且发动机和驱动轴之间存在机械连接以及考虑两种动力的耦合,使底盘的布置比较复杂。③技术难度大,成本高。

4.增程式电动汽车

1)增程式电动汽车的结构

增程式动力系统可以看作串联插电式混合动力系统,是在电动汽车的电动机系统基础上发展起来的,采用电动机直驱,无变速器和离合器,结构简单,采取电池扩容的方式,增加了纯电动工作模式的行驶距离。增程式电动汽车的结构如图5.9所示,主要由驱动电动机系统、电源系统、增程器和整车控制器等组成。与纯电动汽车相比,增加了增程器。

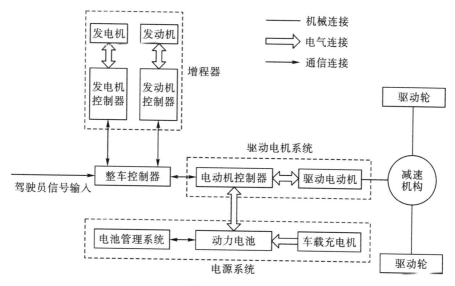

图 5.9 增程式电动汽车的结构

增程式电动汽车以动力电池为主要动力源,以小排量发动机+发电机为辅助动力源。其发动机不直接参与驱动汽车,而仅用于带动发电机发电,可在最佳燃油经济区输出功率和转矩。因此,它的结构和动力性能都接近于纯电动汽车。增程式电动汽车首先依靠自身的动力电池行驶,此时发动机不启动,当电池的电量下降到一定程度时,启动发动机驱动发电机发电,所产生的电能直接参与车辆的驱动。若产生的电量有富余,则可以存储到动力电池中。

增程式电动汽车是一种新型的混合动力电动汽车,与常规混合动力电动汽车和纯电动汽车相比,主要有以下五个方面区别:

(1) 在纯电动模式下,发动机不启动,由动力电池驱动整车行驶,可减少整车对石油的依赖,缓解石油危机。

(2) 在动力电池电能不足时,为保证车辆性能和动力电池的安全性,进入电量保持模式,由动力电池和发动机联合驱动整车行驶。

(3) 整车纯电动续航里程满足大部分人员每天行驶里程的要求,动力电池可错峰充电,缓解供电压力。

(4) 整车大部分情况在电量消耗模式下行驶,能达到低排放和低噪声的效果。

(5) 发动机与机械系统不直接相连,发动机可工作于最佳效率点,大大提高整车燃料效率。

5.3.4 燃料电池电动汽车

燃料电池电动汽车是一种用车载燃料电池装置产生电力作为动力的汽车。车载燃料电池装置所使用的燃料为高纯度氢气或含氢燃料经重整所得到的高含氢重整气。

1. 燃料电池汽车类型

燃料电池汽车以电力驱动作为唯一的驱动模式,按照驱动能源组合形式的不同,可分为纯燃料电池驱动和混合驱动两种形式。

(1)纯燃料电池驱动的电动汽车只有燃料电池一个动力源,汽车需要的所有功率都由燃料电池提供。

(2)混合驱动系统将燃料电池与辅助动力源相结合,燃料电池可以只满足持续功率需求,借助辅助动力源不仅可以提供加速、爬坡等所需的峰值功率,而且在制动时可以将回收的能量存储在辅助动力源中。混合驱动包括燃料电池与辅助蓄电池联合驱动、燃料电池与超级电容联合驱动及燃料电池与蓄电池和超级电容联合驱动。

2. 燃料电池电动汽车特点

1)燃料电池电动汽车的优点

燃料电池电动汽车与内燃机汽车及纯电动汽车相比,具有以下优点:

(1)效率高。燃料电池的工作过程是化学能转化为电能的过程,不受卡诺循环的限制。能量转换效率较高,可以达到30%以上,而汽油机和柴油机汽车整车效率分别为16%~18%和22%~24%。

(2)续航里程长。采用燃料电池系统作为能量源,克服了纯电动汽车续航里程短的缺点,其长途行驶能力及动力性已经接近于传统内燃机汽车。

(3)绿色环保。燃料电池没有燃烧过程,以纯氢作为燃料,生成物只有水,属于零排放。采用其他富氢有机化合物,用车载重整器制氢作为燃料电池的燃料,生成物除水之外,还可能有少量的一氧化碳,接近零排放。

(4)过载能力强。燃料电池短时过载能力可达额定功率的200%或更大。

2)燃料电池电动汽车的缺点

(1)燃料电池电动汽车的制造成本和使用成本过高。

(2)辅助设备复杂,并且质量和体积较大。

(3)启动时间长,系统抗震能力有待进一步提高。此外,在燃料电池电动汽车受到震动或者冲击时,各种管道的连接和密封的可靠性需要进一步提高,以防止汽车在受到严重碰撞时发生安全事故。

3. 燃料电池电动汽车的结构

典型的燃料电池电动汽车主要由燃料电池系统、高压储氢罐、辅助动力源、驱动电动机和整车控制器等组成,如图5.10所示。高压储氢罐是气态氢的储存装置,用于给燃料电池供应氢气,燃料电池和辅助动力源向电动机供电,在整车控制器的控制下,电动机驱动汽车行驶。

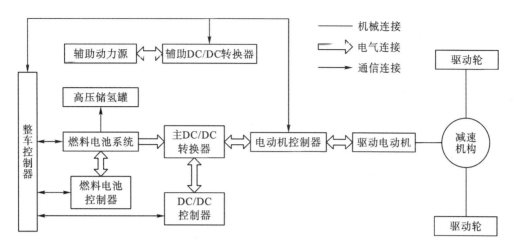

图 5.10 典型燃料电池电动汽车结构

4. 燃料电池电动汽车的工作原理

高压储氢罐中的氢气和空气中的氧气在汽车搭载的燃料电池中发生氧化还原化学反应,产生出电能驱动电动机工作,驱动电动机产生的机械能经变速传动装置传给驱动轮,从而驱动电动汽车前进。

以丰田 Mirai 燃料电池电动汽车为例,行驶过程分为启动、一般行驶、加速行驶以及减速行驶四个工况。

1) 启动工况

车辆启动时,由车载蓄电池进行供电,来自蓄电池的电能直接供给驱动电动机,使电动机工作,驱动车轮转动,燃料电池不参与工作。

2) 一般行驶工况

一般行驶工况下,来自高压储氢罐的氢气经高压管路提供给燃料电池,同时,来自空气压缩机的氧气也提供给燃料电池,经质子交换膜内部产生电化学反应,产生大约 300 V 的电压,然后经 DC/DC 转换器进行升压,转变为 650 V 的直流电,再经动力控制单元转换为交流电提供给驱动电动机,驱动电动机运转,带动车轮转动。

3) 加速行驶工况

加速时,除了燃料电池正常工作外,还需要车载蓄电池参与工作,以提供额外的电力供驱动电动机使用,此时车辆处于大负荷工况下。

4) 减速行驶工况

减速时,车辆在惯性作用下行驶,此时燃料电池不再工作,车辆减速所产生的惯性能量由驱动电动机转换为发电机进行发电,经动力控制单元将其转换为直流电后,反馈回车载蓄电池进行电能的回收。

5.3.5 氢发动机汽车

氢发动机汽车是以氢发动机为动力源的汽车。一般来说,发动机使用的燃料是柴油或汽油,而氢发动机使用的燃料是气态氢。使用氢为能源的最大好处是它能跟空气中的氧反应产生水,再以水蒸气的形式排出,有效减少了空气污染问题。

氢内燃机是以一般内燃机为基础改良而成的,要实现并不困难,困难之处在于如何降低成本、保证安全,以及安全地解决氢气供应、储存的问题。

在现在的汽车市场上,部分高速车辆、巴士已经以不同形式使用了氢能。

5.4 智能网联汽车

智能网联汽车是指搭载先进的车载传感器、控制器、执行器等装置,并融合现代通信与网络技术,实现车与X(人、车、路、云端等)智能信息交换共享,具备复杂环境感知、智能决策、协同控制等功能,可实现安全、高效、舒适、节能行驶,最终实现替代人来操作的新一代汽车。

5.4.1 智能网联汽车概述

1. 智能网联汽车分级

汽车的智能化发展是逐步推进的。2014年,美国汽车工程协会将汽车自动化等级定义为六个层次,分别是无自动驾驶、驾驶辅助、部分自动驾驶、有条件自动驾驶、高度自动驾驶和完全自动驾驶。

2016年,我国工信部使用智能化和网联化两个维度对智能网联汽车进行了等级划分。在智能化层面,汽车配备了多种传感器(摄像头、超声波雷达、毫米波雷达、激光雷达等),能实现对周围环境的自主感知,通过传感器实现信息处理和智能决策,并能按照一定控制算法实现预定的驾驶任务。智能化层面分级基本上参考了美国SAE的分级标准。

2021年8月20日,国家市场监督管理总局正式发布了《汽车驾驶自动化分级》(GB/T40429—2021),标准于2022年3月1日起正式实施。《汽车驾驶自动化分级》综合考量了动态驾驶任务、最小风险策略和设计运行范围等多个维度,将汽车驾驶自动化等级划分为0~5级(L0~L5),分别具有应急辅助、部分驾驶辅助、组合驾驶辅助、有条件自动驾驶、高度自动驾驶和完全自动驾驶功能。我国对汽车驾驶自动化的分级见表5-1。

表 5-1 我国对汽车驾驶自动化的分级

分级	名称	持续的车辆横向和纵向运动控制	目标和事件探测与响应	动态驾驶任务后援	设计运行条件
0级	应急辅助	驾驶员	驾驶员及系统	驾驶员	有限制
1级	部分驾驶辅助	驾驶员及系统	驾驶员及系统	驾驶员	有限制
2级	组合驾驶辅助	系统	驾驶员及系统	驾驶员	有限制
3级	有条件自动驾驶	系统	系统	动态驾驶任务后授权用户（执行接管后成为驾驶员）	有限制
4级	高度自动驾驶	系统	系统	系统	有限制
5级	完全自动驾驶	系统	系统	系统	无限制*

注：*为排除商业和法规因素等限制。

在网联化层面，车辆采用新一代 5G 移动通信技术等，实现人、车、路、云平台之间全方位的连接和信息交互，并由控制器进行计算，进一步增强车辆的智能化程度和自动驾驶能力。根据网联化的高低程度进行分类，从低到高依次为网联辅助信息交互、网联协同感知、网联协同决策与控制三个层次。

2. 智能网联汽车发展历程

1）国外智能汽车发展历程

国外汽车智能化研究起步较早，早在 1925 年，美国无线电设备公司就设计了一辆名为"American Wonder"的无人驾驶车，它能接收后车发出的无线电信号，通过电动机操纵车辆的转向盘、离合器和制动器等部件，被视为人类无人驾驶汽车的雏形。1956 年，美国通用汽车展出 Firebird 概念车，是世界上第一辆配备汽车安全和自动导航系统的概念汽车，如图 5.11 所示。1958 年，第三代 Firebird 问世，该车能够通过预埋式线缆，向接收器发送电子脉冲信号，实现汽车自动驾驶。1977 年，日本的筑波工程实验室开发出第一个基于摄像头的巡航系统替代预埋式线缆的自动驾驶汽车，这是最早使用视觉设备进行无人驾驶的尝试。在军事应用需求的推动下，无人驾驶车辆技术得到不断发展和完善。美国、德国、意大利走在世界前列。在 2000 年以前，以美国卡内基梅隆大学研制的 NavLab 系列和意大利帕尔玛大学的 ARGO 项目最具代表性。为了推进无人驾驶技术的发展，美国国防高级计划研究总署于 2004—2007 年共举办了三届 DARPA 无人驾驶挑战赛。

图 5.11 通用 Firebird 概念车

2009年,以谷歌为代表的新技术力量纷纷布局无人驾驶。2012年3月,谷歌无人驾驶车获得了内华达州颁发的全球首个无人驾驶测试许可证。2015年,谷歌无人驾驶原型车上路测试,如图5.12所示。2016年,谷歌无人驾驶业务独立,成立Waymo。2017年,谷歌首次实现无人驾驶和配备安全员的无人驾驶出租车。谷歌采用的是"一步到位"的无人驾驶技术发展路线,即直接研发L4+级别的无人驾驶汽车。

图 5.12 谷歌无人驾驶汽车

2013年开始,福特、宝马、丰田、沃尔沃等车企相继在无人驾驶领域进行了布局。2015年,特斯拉推出了搭载自动驾驶系统Autopilot的Model S系列车型,这是第一个投入商用的自动驾驶技术。2016年,通用汽车收购了自动驾驶技术创业公司Cruise Automation正式进入无人驾驶领域,并于2018年推出搭载Super Cruise超级智能驾驶系统的凯迪拉克CT6。2018年推出的新款奥迪A8是全球首款量产搭载L3级别的自动驾驶系统的车型,使驾驶员在拥堵路况下可以获得最大限度的解放。

2)国内智能汽车发展历程

我国从20世纪80年代开始智能汽车技术的研究。2008年,国家自然科学基金委员会开展了重大研究技术——视听觉信息的认知计算,无人驾驶车辆作为视听觉信息的认知计算集成验证平台,要求研制出具有自然环境感知和智能行为决策能力的无人驾驶车辆验证平台,其主要性能指标达到世界先进水平。在此基础上,2009年创办的中国智能车未来挑战赛,旨在集成创新研发无人驾驶汽车,并通过真实道路环境下的自主行驶来检验研究成果,促进研发交流及产业化应用。

2011年7月,国防科技大学和一汽集团联合研制的红旗HQ3首次完成了从长沙到武汉的286 km的高速全程无人驾驶试验,该次试验的成功标志着我国无人驾驶技术在复杂环境识别、智能行为决策和控制等方面实现了新的技术突破。

2013年,以百度为代表的高科技公司也相继加入了无人驾驶汽车领域的研究。2015年12月,百度公司宣布其无人驾驶车已在国内首次实现城市、环路及高速道路混合路况下的全自动驾驶。如图5.13所示,百度无人驾驶汽车往返全程均实现自动驾驶,并实现了多次跟车减速、变道、超车、上下匝道、调头等复杂驾驶动作。2017年,百度发布Apollo平台,秉承开放能力、共享资源、加速创新、持续共赢的理念,帮助汽车行业及自动驾驶领域的合作伙伴快速搭建一套属于自己的自动驾驶系统。

图5.13 百度无人驾驶汽车

2016年4月,长安汽车成功完成了历经多省约2000 km自动驾驶测试,在实现高速驾驶的同时,还实现了全速自适应巡航、交通拥堵辅助、自动紧急制动、交通标志识别等功能。

2019年,由百度和一汽联手打造的中国首批量产L4级自动驾驶乘用车——红旗EV,获得5张北京市自动驾驶道路测试牌照,实现了包括安全、量产能力以及外观内饰、驾乘体验等维度的全方位优化升级,是Apollo自动驾驶技术迭代的最新成果。

2020年10月30日,华为发布HI智能汽车解决方案,包括1个全新的计算与通信架构和5大智能系统:智能车云、智能网联、智能座舱、智能驾驶和智能电动,以及激光雷达、AR-HUD等全套的智能化部件。

2020年,中国L2级智能网联乘用车的市场渗透率达到15%,L3级自动驾驶车型在特定场景下开展测试验证。高精度摄像头、激光雷达等感知设备已达到国际先进水平,为多款主流车型供货。智能驾驶计算平台、车规级AI芯片在多个车型上进行装车应用。多地加快部署5G通信、路侧联网设备等基础设施,加大交通设备数字化改造力度,开展车路协同试点,支持企业进行载人载物示范应用。

目前,我国汽车技术正朝着电动化、智能化、网联化、共享化的"四化"方向发展,为汽车工业的发展带来了巨大的挑战和机遇。信息技术、网络技术等先进技术的运用将全面升级传统汽车产业,并与互联网产业深度融合。智能网联技术被认为是汽车诞生一百多年来最具革命性的技术变革,在世界新一轮技术革命的影响下,未来汽车工业必将经历一次突破性的创新。

5.4.2 智能网联汽车先进驾驶辅助系统

如图 5.14 所示为智能网联汽车主要先进驾驶辅助系统。

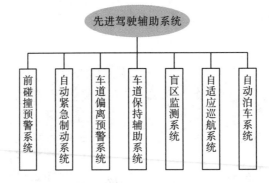

图 5.14 智能网联汽车主要先进驾驶辅助系统

1. 前碰撞预警系统

前碰撞预警(forward collision warning,FCW)系统能够实时监测车辆前方行驶环境,并在可能发生前向碰撞危险时发出警告信息。FCW 系统主要是利用车载传感器(如视觉传感器、毫米波雷达等)实时监测前方车辆,判断自车与前车之间的距离、相对速度及方位,当系统判断存在潜在危险时,对驾驶人进行警告,提醒驾驶人进行制动,保障行车安全,基于车载传感器的前向碰撞预警系统如图 5.15 所示。FCW 系统本身不会采取任何制动措施避免碰撞或控制车辆。当车速达到设定车速时,FCW 系统自动启动。

警告方式主要有声音、指示灯闪烁、转向盘震动和安全带收紧等。

图 5.15 前碰撞预警系统

2. 自动紧急制动系统

自动紧急制动(autonomoas emergency braking, AEB)系统是指实时监测车辆前方行驶环境,并在可能发生碰撞危险时自动启动车辆制动系统使车辆减速,以避免碰撞或减轻碰撞的系统。它是在基于环境感知传感器(如毫米波雷达或视觉传感器)感知前方可能与车辆、行人或其他交通参与者发生碰撞风险时,通过系统自动触发执行机构来实施制动,以避免碰撞或减轻碰撞程度的先进驾驶辅助系统,自动紧急制动系统如图5.16所示。

图 5.16 自动紧急制动系统

汽车 AEB 系统采用测距传感器测出与前车或障碍物的距离,然后利用电子控制单元将测出的距离与警告距离、安全距离等进行比较,小于警告距离时就进行警告提示,而小于安全距离时,即使在驾驶人没来得及踩制动踏板的情况下,AEB 系统也会启动,使汽车自动制动从而为安全出行保驾护航。

3. 车道偏离预警系统

车道偏离预警(lane departure warning, LDW)系统是根据前方道路环境和自车位置关系,判断车辆偏离车道的行为并对驾驶人进行及时提醒,从而防止由于驾驶人疏忽造成的车道偏离事故的发生。它通过传感器获取前方道路信息,结合车辆自身的行驶状态以及预警时间等相关参数,判断汽车是否有偏离当前所处车道的趋势。在车辆即将发生偏离,并且驾驶人没有打转向灯的情况下,则通过视觉、听觉或触觉的方式向驾驶人发出警告。车道偏离预警系统如图5.17所示。

图 5.17 车道偏离预警系统

为了能够给驾驶人提供更多的反应时间和操控时间,车道偏离预警系统需要在偏离车道线之前发出提示。如果驾驶人打开转向灯,正常进行变道行驶,则车道偏离预警系统不会做出任何提示。车道偏离预警系统开关如图 5.18 所示。

图 5.18　车道偏离预警系统开关

4. 车道保持辅助系统

车道保持辅助系统是在汽车行驶时借助摄像头识别车道标线将汽车保持在车道上的系统。以奥迪为例,当车速超过 60 km/h 时,车道保持辅助系统利用安装在车内后视镜前的摄像头检测车道标记,摄像头可覆盖汽车前方超过 50 m 的距离及约 40°视场的道路范围,每秒提供 25 幅高清晰图像。车载软件负责从这些图像中监测出车道标记及车道。如果在没有打转向灯的情况下汽车偏向某一侧车道标记,该系统将通过对电子机械式转向系统进行微小而有效的干预,使车辆保持在原车道内行驶,从而减轻驾驶员负担,减少交通事故的发生。车道保持辅助系统如图 5.19 所示。

图 5.19　车道保持辅助系统

5. 盲区监测系统

盲区监测(blind spot detection,BSD)系统也称并线辅助系统,它能够实时监测驾驶人视野盲区,并在其盲区内出现其他道路使用者时发出提示或警告信息。BSD 系统在驾驶人超车或变道时,通过传感器监测外后视镜盲区内有其他可能会引起碰撞的车辆,并通过视觉信号或听觉信号对驾驶人进行提醒,从而消除视野盲区,提高行车安全性。盲区监测系统如图 5.20 所示。

图 5.20　盲区监测系统

盲区监测系统仅是对盲区预警的辅助手段,并不会采取任何自主行为阻止可能发生的碰撞,驾驶人需要对车辆的安全操作负责。

盲区监测系统是目前市场上配置率较高的一项先进驾驶辅助系统。盲区监测系统除监测车辆以外,还包括对城市道路上汽车盲区内的行人、骑行者的监测,以及对高速公路弯道的监测与识别等。

6. 自适应巡航系统

自适应巡航控制(adaptwe cruise control,ACC)系统能够实时监测车辆前方的行驶环境,在设定的速度范围内自动调整行驶速度,以适应前方车辆和道路条件等引起的驾驶环境变化。在汽车行驶过程中,安装在汽车前部的车距传感器持续扫描汽车前方道路,同时轮速传感器采集车速信号。当驾驶车(以下简称主车)与前方车辆之间的距离小于或大于安全车距时,ACC 控制单元通过与制动系统、发动机控制系统协调动作,改变制动力矩和发动机输出功率,对汽车行驶速度进行控制,以使主车与前方车辆始终保持安全车距行驶,避免追尾事故发生,同时提高通行效率。自适应巡航控制系统如图 5.21 所示。如果主车前方没有车辆,则主车按设定的车速巡航行驶。

在电动汽车的自适应巡航控制系统中,发动机更换为驱动电机,通过改变制动力矩和驱动电机的输出功率,控制电动汽车的行驶速度。

图 5.21　自适应巡航系统

7. 自动泊车系统

自动泊车是指不用人工干预,自动停车入位的系统。该系统包括环境数据采集系统、中央处理器和车辆策略控制系统。其原理是:遍布车辆周围的雷达探头测量自身与周围物体之间的距离和角度,然后通过车载电脑计算出操作流程,配合车速调整方向盘的转动将车辆完全倒入停车位。自动泊车系统如图5.22所示。

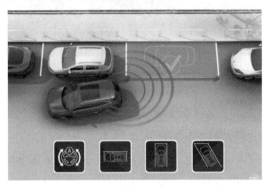

图 5.22　自动泊车系统

思考题

1. 简述纯电动汽车的特点。
2. 简述纯电动汽车的结构组成。
3. 混合动力电动汽车分为几类?
4. 简述混合动力电动汽车的结构和工作原理。
5. 增程式电动汽车的特点是什么?
6. 电动汽车的充电方式有哪几种?各自的特点是什么?
7. 智能网联汽车主要先进驾驶辅助技术有哪些?
8. 我国将汽车驾驶自动化等级划分为哪几级?

第二篇 汽车养护

第6章 汽车的日常养护

教学目标

(1)能够熟练地进行机油检查。
(2)能够正确检查冷却液膨胀水箱液位。
(3)能够按照标准规范进行冷却液冰点测量。
(4)能够正确检查制动液储液罐液位。
(5)能够按照标准规范检测制动液含水率。
(6)能够完成玻璃水的液位检查和加注。

6.1 机油的检查

任务描述

客户张先生的大众速腾轿车在行驶过程中,组合仪表上报警灯亮了,张先生也不知道是什么问题,于是把车开到4S店,经维修技师检查,发现是机油报警灯 点亮了,进一步检查发现机油液位低于下限,导致机油压力降低,需要添加机油。如果你是维修技师,你能教会该车主自行检查机油液位吗?

任务目标

1. 知识目标

(1)掌握机油检查的步骤。
(2)掌握判断机油品质的方法。

2. 技能目标

能够熟练地进行机油检查。

3. 素质目标

(1)树立安全操作意识、8S意识。
(2)培养职业规范意识。

(3)培养人际沟通能力和团队协作意识。

6.1.1 知识储备

1. 润滑油的作用

发动机润滑油简称机油,被誉为汽车的"血液",它是保证发动机正常运转必不可少的润滑剂,其具体作用是润滑金属部件,减少机件间的摩擦,将发动机在做功时产生的巨大热量带走,清洗经磨损后产生的细微金属碎屑,同时还具有密封、减振、防锈等作用。

2. 润滑油的组成

如图 6.1 所示,润滑油是由不同黏度等级的基础油配以不同比例的几种添加剂调制而成的。基础油是润滑油的主要成分,决定着润滑油的基本性质,添加剂则可弥补和改善基础油性能方面的不足,赋予润滑油某些新的性能。

图 6.1 润滑油的组成

3. 润滑油的等级及选用

目前国际上广泛采用美国汽车工程师学会(society of automotive engineers,SAE)黏度等级和美国石油协会(American petroleum institute,API)质量等级,我国参考了 SAE 黏度等级,以"5W-40"为例,W 代表 Winter,即冬天的意思,W 前面的数值越小说明润滑油的低温流动性越好,代表可供使用的环境温度越低,在冷启动时对发动机的保护能力越好。W 后面的数字代表润滑油在高温下的黏度指标,数值越大,黏度越高,对发动机保护越好,但是也越费油。

选择发动机润滑油时,要考虑汽车的使用环境温度范围,如果汽车经常在环境温度范围为-20~40℃的地区运行,应选用黏度牌号为 15W-40 的润滑油;如果汽车经常在环境温度范围为-25~30℃或-30~30℃的地区运行,应选用黏度牌号为 10W-30 或 5W-30 的润滑油;如果汽车经常在我国东北、西北等严寒地区行驶,冬季最低温度可达-30~-25℃,则要用 5W 级润滑油;常在-30℃以下地区行驶,就需要用 0W 级润滑油。润滑油的黏度标准如图 6.2 所示。

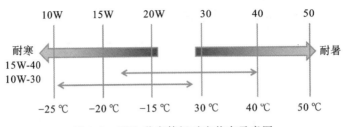

图 6.2　SEA 黏度等级对应状态示意图

6.1.2　任务实施

1. 任务实施准备

实训车辆 4 台、车轮挡块 16 个、车外三件套 4 套、车内四件套 4 套、手电筒 4 个、定性滤纸若干、吸油纸若干。

2. 任务实施步骤

1）机油液位的检查

(1)找到车辆机油标尺的位置,机油标尺在发动机舱内,如图 6.3 所示。

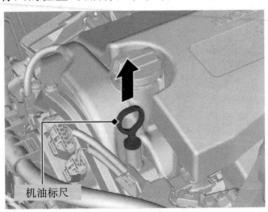

图 6.3　机油标尺位置

(2)发动机预热后,停机 5 min,让机油汇集到发动机底部,把机油标尺拔出,擦拭干净,重新插入油尺再取出,液位应在上限和下限标记之间,如图 6.4 所示。如果液位低于下限标记,应检查并添加机油至上限标记和下限标记之间。

第6章 汽车的日常养护

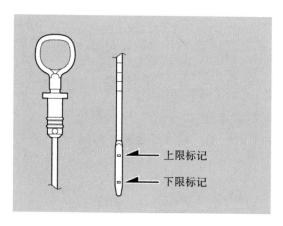

图 6.4 液位标记

2)机油油质的检查

观察机油的颜色,如果机油颜色变黑,有明显杂质,则应更换。机油油质的检查通常有手捻法和滤纸法两种。

(1)手捻法。我们可以通过用手指捻动机油,来检查油滴中是否含有铁屑等机械杂质或水分,并观察机油是否过稀。搓捻时如有黏稠感并有拉丝现象,说明机油未变质,仍可继续使用,否则应更换。

(2)滤纸法。在规定条件下将使用中的机油滴一滴到滤纸中心,架空平放12小时,机油内的各种杂质会随着油的浸润向四周扩散,杂质的粒度不同,扩散的距离也不同,因而会在滤纸上形成颜色深浅不同的环形斑点,从内到外依次为:沉积环、扩散环、油环,如图6.5所示。

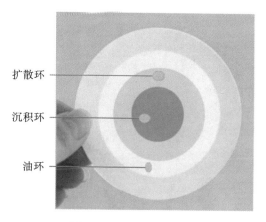

图 6.5 机油测试卡环带

利用机油滤纸进行检测时,检测结果主要分为一级、二级、三级和四级四个级别,如图6.6所示。

一级:油斑的沉积区和扩散区之间无明显界线,整个油斑颜色均匀,油环淡而明亮,油质良好。

二级：沉积环色深，扩散环较宽，有明显的分界线，油环为不同深度的黄色，油质已污染，但尚可使用。

三级：沉积环深黑色，沉积物密集，扩散环窄，油环颜色变深，油质已经劣化。

四级：只有中心沉积环和油环，没有扩散环，沉积环乌黑，沉积物密而厚稠，油环呈深黄色和浅褐色，机油已经氧化变质。通过机油滤纸检测，当机油质量达到三、四级时必须进行更换。

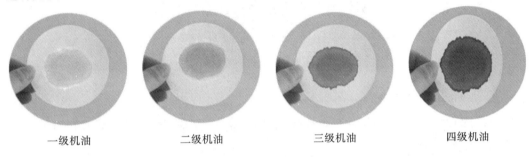

一级机油　　　二级机油　　　三级机油　　　四级机油

图 6.6　机油级别

一般而言，各个环状区之间的界限越模糊，代表机油品质越好，剩余寿命越长；界限越清晰，代表机油品质越差，剩余寿命越短；当外圈是界限明显的深色环时，代表机油寿命已经为"0"了，需要立刻更换机油。

机油取样应在发动机熄火 10 min 后进行，以避免刚熄火时机油太热。但不可在熄火 1 h 后进行，因为静置时间太长之后，悬浮在机油中的杂质会缓慢地沉积到油底壳处，机油尺取出的样品就不准了。

6.1.3 任务工单

机油的检查

1. 机油的作用有哪些？
   _____
   _____

2. 目前国际上广泛采用_____和_____。

3. 请解释 SAE 黏度等级"5W—40"的含义。
   _____
   _____
   _____

4. 请简述机油液位检查的步骤。
   _____
   _____

5. 请简述机油品质检查的方法。
   _____
   _____

6. 根据下图所示判断机油油量和机油品质是否正常。

   ☐ 正常   ☐ 不正常   ☐ 正常   ☐ 不正常

7. 检查实训车辆机油液位是否正常，并做记录。
8. 拍摄机油液位检查的小视频，上传至学习通。
9. 进行实训场地 8S 检查。

6.2 冷却液的检查

任务描述

李先生在驾驶车辆的时候,发现仪表上有一个警报灯点亮了,他将车辆开到4S店进行检查。维修技师检查时发现是冷却液警报灯 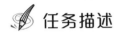 点亮了,进一步检查发现是冷却液储液罐中的冷却液不足,导致液位过低报警。如果你是维修技师,怎样才能教会李先生自行检查冷却液液位,并能判断液位是否正常?

任务目标

1. 知识目标

(1)掌握冷却液的功用、类型。
(2)掌握冷却液的性能。

2. 技能目标

(1)能够正确检查冷却液膨胀水箱液位。
(2)能够按照标准规范进行冷却液冰点测量。

3. 素质目标

(1)树立安全操作意识、8S意识。
(2)培养职业规范意识。
(3)培养人际沟通能力和团队协作意识。

6.2.1 知识储备

1. 冷却液作用

冷却液的全称是防冻冷却液,意为有防冻功能的冷却液体。冷却液既可以防止在寒冷季节停车时因冷却液结冰而胀裂散热器和冻坏发动机气缸体,也可以有效防止在车辆使用中出现发动机过热的现象。在汽车正常的保养项目中,冷却液的更换周期一般为每2年或4万公里。虽然更换周期较长,但在平时用车过程中也不可掉以轻心,应注意冷却液的日常检查,日常检查项目包括冷却液液位检查和冷却液冰点检查。

2. 冷却液类型

冷却液由水、防冻剂和添加剂三部分组成,按防冻剂成分不同可分为酒精型、甘油型、乙二醇型的冷却液。乙二醇易溶于水,可以任意配成各种冰点的冷却液,其最低冰点可达

−68℃,这种冷却液具有沸点高、泡沫倾向低、黏温性能好、防腐和防垢等特点,是一种较为理想的冷却液。

3. 冷却液性能

目前广泛使用的发动机冷却液具有低温黏度小、冰点低、沸点高、防腐蚀和防水垢等性能。

(1)低温黏度小。发动机冷却液的低温黏度越小,越有利于冷却液在冷却系统中流动,提高冷却系统的散热效果。

(2)冰点低。冰点是指在没有过冷情况下冷却液开始结晶的温度。若汽车在低温条件下停放时间过长,而发动机冷却液的冰点达不到应有温度,则发动机冷却液就会结冰,同时体积膨胀变大,冷却系统就会被冻裂。因此,要求发动机冷却液的冰点要低于当地冬季最低气温10℃左右。

(3)沸点高。沸点是在发动机冷却系与外界大气压相平衡的条件下,冷却液开始沸腾时的温度。冷却液沸点高,则在较高温度下不沸腾,可保证汽车在满载、高负荷等苛刻条件下正常行驶,同时,沸点高则冷却液蒸发损失也少。

(4)防腐蚀。冷却液在工作中要接触多种金属材料,如果它对金属有腐蚀性,就会影响发动机正常工作,甚至造成事故。为使冷却液有良好的防腐性,要保持冷却液呈碱性状态,pH值为7.5~11.0较好,如果超出该范围将对金属材料产生不利影响。

(5)防水垢。水垢对发动机冷却系的散热强度影响很大。试验表明,水垢的导热性比铸铁差很多,比铝差得更多,所以要求冷却液在工作中应不易产生水垢。

6.2.2 任务实施

1. 任务实施准备

实训车辆4台、车轮挡块16个、车外三件套4套、车内四件套4套、抹布4块、冰点测试仪4套。

2. 任务实施步骤

1)冷却液液位检查

(1)打开汽车发动机舱盖,找出冷却液膨胀水箱,如图6.7所示。

图6.7 冷却液膨胀水箱

(2)在冷却液膨胀水箱上找到最大刻度线(MAX)和最小刻度线(MIN),看液面高度是否在两刻度线之间,如果在两刻度线之间则为正常,如图6.8所示。

图6.8　冷却液膨胀水箱液位标记

(3)当冷却液液位低于最小刻度线(MIN)的时候,应选用原厂规定的冷却液进行加注。在发动机冷态并处于熄火状态时,打开冷却液盖,添加时注意切勿使液面超过膨胀水箱的最大刻度线。添加冷却液后,务必将盖拧紧。加注冷却液如图6.9所示。

图6.9　加注冷却液

2)冷却液冰点检查

(1)冰点测试仪的结构和使用。入冬前进行冷却液冰点检查非常必要,可以防止发动机在冬天由于冷却液结冰而损坏。冷却液冰点应用冰点测试仪来检测,如图6.10所示。

图6.10　冰点测试仪

如图6.11所示,冰点测试仪由检测棱镜、盖板、校准螺栓、把套、视觉调节手轮和目镜组成,冰点测试仪可以测出以丙二醇和乙二醇为基的冷却液的冰点。

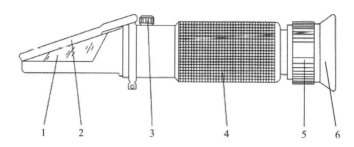

1—检测棱镜；2—盖板；3—校准螺栓；4—把套；5—视度调节手轮；6—目镜。

图 6.11　冰点测试仪的组成

如图 6.12 所示为冰点测试仪的测量界面，在界面中可以看到冰点测试仪除了能进行冷却液冰点测量外，还能进行玻璃水的冰点和电解液密度的测量。界面中的中间刻度表示冷却液冰点，左侧刻度表示电解液密度，右侧刻度表示玻璃水的冰点。在测试界面中可以看到一条明暗分界线，分界线所对应的温度就是冷却液的冰点。

冷却液冰点测试仪使用注意事项：①不要在相对湿度大于 85% 的环境中长期放置，以免光学系统受到影响。②不要让液体进入校准螺栓和目镜内，以免损坏内部器件。③不要跌落或碰撞，以免损坏仪器精度。④使用时不要将冷却液、电解液等滴在身上、衣服等其他地方，以防腐蚀受伤。⑤使用完毕后保存在干净的容器内。⑥清洁冰点测试仪使用的纸巾、棉纱等不可再用作其他物品清洁，要及时处理。

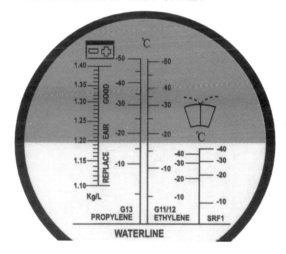

图 6.12　冰点测试仪的测量界面

(2)冷却液冰点检测的步骤：①检测前，让发动机先运转 10~20 min，使冷却液混合均匀再进行测量，以避免测量误差。②调整基准。测定前首先应使标准液、仪器及待测液体基于同一温度。掀开盖板，用软布仔细擦净检测棱镜，然后取 2~3 滴标准液滴于检测棱镜上，并用手轻轻按压盖板，避免气泡产生，通过目镜看到一条蓝白分界线，旋转校准螺栓使目镜视场中的蓝白分界线与基准线重合，如图 6.13 所示。③用软布清洁检测棱镜上的标准液,然后将待测溶液数滴置于检测棱镜上,轻轻合上盖板,避免气泡产生,使溶液遍布检测棱镜表面。④将仪器盖板对准光源或明亮处,眼睛通过目镜观察视场,转动视度调节手轮,使视场中的蓝白分界线清晰,分界线的刻度值即为冷却液的冰点。⑤使用后立即清洁冰点测试仪。

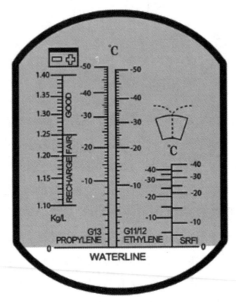

图 6.13　冰点测试仪的校准界面

6.2.3 任务工单

冷却液的检查

1. 冷却液的作用有哪些？
   _____
   _____

2. 冷却液按防冻剂成分不同可分为_____、_____、_____。其中_____易溶于水，可以任意配成各种冰点的冷却液，其最低冰点可达_____。

3. 冷却液的性能有哪些？
   _____
   _____
   _____

4. 请简述冷却液液位检查步骤。
   _____
   _____
   _____

5. 根据下图所示写出冷却液冰点。

冷却液冰点：_____

7. 检查实训车辆冷却液液位是否正常，并做记录。　☐ 正常　☐ 不正常
8. 检查实训车辆冷却液冰点值，并做记录。　☐ 正常　☐ 不正常
9. 拍摄冷却液检查的小视频，上传至学习通。
10. 进行实训场地 8S 检查。

6.3 制动液的检查

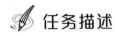任务描述

一辆比亚迪汽车到店维修,该车行驶了 56888 km,车主反映该车行驶制动不良,下坡路上即使踏板踩到底,制动效能也不如以前。经维修技师检查,发现是制动液警报灯点亮了,进一步检查发现制动液液位低于下限。如果你是维修技师,你能教会该车主自行检查制动液液位吗?

任务目标

1. 知识目标

了解制动液的功用、类型和等级。

2. 技能目标

(1)能够正确检查制动液储液罐液位。

(2)能够按照标准规范检测制动液含水率。

3. 素质目标

(1)树立安全操作意识、8S 意识。

(2)培养职业规范意识。

(3)培养人际沟通能力和团队协作意识。

6.3.1 知识储备

1. 制动液的功用

制动液又称制动油,是在车辆制动系统中传递压力,使车轮上的制动系统实现制动动作的一种功能性液体,主要作用是传递能量、散热、防腐、防锈以及润滑。制动液是液压制动系统中传递制动压力的液态介质,是制动系统不可缺少的部分。因为液体是不能被压缩的,所以从制动主缸输出的压力会通过制动管路直接传递至制动轮缸中。

2. 制动液的类型和等级

制动液的类型有醇型、矿油型和合成型三种,其中醇型与矿油型已经淘汰,目前车辆所用的制动液类型为合成型。

一般车用制动液以 DOT 为分类标准,2004 年 DOT 标准将制动液分为 DOT3、DOT4、DOT5 和 DOT5.1 四级(如图 6.14 所示),数字越大,级别越高,其中 DOT3、DOT4

级是各国汽车中使用最普遍的一种制动液。2004年开始,我国实施与国际通用标准接轨的车辆制动液标准,按照GB12981—2012《机动车辆制动液》中的规定,将制动液分为HZY3、HZY4、HZY5、HZY6四种级别,其中前三种级别分别对应美国交通运输部制动液的DOT3、DOT4和DOT5.1。

DOT3　　　　DOT4　　　　DOT5　　　　DOT5.1

图6.14　制动液等级

3. 制动液特性

制动液的特性有高沸点、低黏度、无腐蚀、吸水性等。

(1)高沸点。当在下坡道路上对车辆频繁施加制动时,制动器所产生的热量将通过制动钳传递给制动液,该热量将导致制动液中的水分沸腾,从而在系统中产生蒸气,形成气阻。为防止这一现象发生,制动液要具有高沸点。我国生产的合成制动液的汽化温度已超过190℃。

(2)低黏度。制动液的低黏度性使其能在很大的温度范围内自由流动,并能够在非常寒冷的条件下正常工作。

(3)无腐蚀。制动液所含的化学成分不得腐蚀制动系统中的橡胶和金属零件。

(4)吸水性。制动液具有较强的吸水性,即很容易从大气中吸收水分,吸收水分的制动液沸点会降低。

4. 制动液使用注意事项

制动液在使用过程中应注意:

(1)严禁混加制动液。制动液制造商采用多种添加剂,以确保制动液能够满足不同的性能要求。不同制造商生产的制动液混合后可能会发生反应,产生分层或沉淀,堵塞制动系统。

(2)制动液会侵蚀塑料和涂装表面,如果制动液溅到塑料零件表面或车辆涂装表面,则必须立即予以清洗。

(3)加强制动液的保管。汽车制动液多为有机溶剂制成,易挥发、易燃,因此要远离火源,注意防火防潮,尤其注意防止雨淋日晒、吸水变质。

6.3.2 任务实施

1. 任务实施准备

实训车辆4台、车轮挡块16个、车外三件套4套、车内四件套4套、手电筒4个、制动液快速探测笔4支。

2. 任务实施步骤

1）制动液液位检查

(1)打开汽车发动机舱盖,找出制动液储液罐,如图6.15所示。

图6.15 制动液储液罐

(2)在制动液储液罐上找到最大刻度线(MAX)和最小刻度线(MIN),如图6.16所示,看液面是否在两个刻度线之间,如果液面在两个刻度线之间则为正常;如果液位低于最小刻度线(MIN),则需要及时添加制动液。

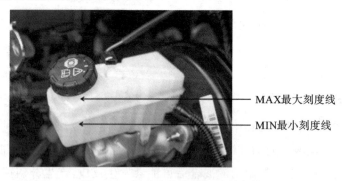

图6.16 制动液储液罐上的刻度线

2）制动液含水率检测

用制动液含水率测试笔(如图6.17所示)进行制动液含水率检查。制动液含水率测试笔上有5个LED灯,分别为一个绿色、两个黄色和两个红色。将含水率测试笔插入制动液储液罐,使笔尖的两个金属探头全部浸泡在制动液中,按住笔尖尾部的按钮保持2s以上。根据笔杆上5个LED指示灯的显示情况就可以快速判断出制动液的含水率。

图 6.17　制动液含水率测试笔

（1）如图 6.18 所示，绿色 LED 灯亮起，说明制动液含水率低，制动液合格。

（2）如图 6.19 所示，绿色 LED 灯和黄色 LED 灯同时亮起，说明制动液含水率中等，可以继续使用，不过 6 个月以后需要再检测一次。

（3）如图 6.20 所示，红色 LED 灯亮起，说明制动液含水率较高，制动液不能继续使用，需要及时更换。

图 6.18　制动液含水率测试笔绿灯亮起　　图 6.19　制动液含水率测试笔绿灯和黄灯同时亮起
　　　（彩图扫本章首页二维码）　　　　　　　　　（彩图扫本章首页二维码）

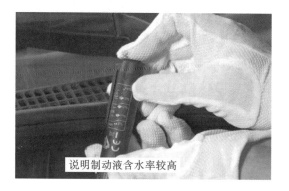

图 6.20　制动液含水率测试笔红灯亮起

（彩图扫本章首页二维码）

6.3.3 任务工单

制动液检查

1. 制动液的作用有哪些？
_____
_____
_____

2. 2004 年 DOT 标准将制动液分为 _____、_____、_____ 和 _____ 四级。按照 GB 12981—2012《机动车辆制动液》，我国将制动液分为 _____、_____、_____ 和 _____。

3. 一般制动液的更换周期为 _____。

4. 制动液的特性有哪些？如何避免"气阻"现象的产生？
_____
_____
_____

5. 在哪些情况下需要更换制动液？
_____
_____
_____

6. 根据下图所示判断制动液含水率是否正常。

　　　　　□正常　　□不正常　　　　　□正常　　□不正常

7. 检查实训车辆制动液液位是否正常，并做记录。　□正常　□不正常

8. 检查实训车辆制动液含水率是否正常，并做记录。　□正常　□不正常

9. 拍摄制动液检查的小视频，上传至学习通。

10. 进行实训场地 8S 检查。

6.4 玻璃水的检查

任务描述

王女士在驾驶车辆时发现前挡风玻璃很脏,使用玻璃水清洗时发现喷不出来,于是将车开到4S店维修。维修技师发现仪表上玻璃水液位指示灯亮起,进一步检查发现玻璃水储液罐中已经没有玻璃水了。如果你是维修技师,为了避免再次出现这种情况,你能教会王女士识别玻璃水液位指示灯和自行进行玻璃水日常检查和加注吗?

任务目标

1. 知识目标

(1)了解玻璃水的功用、组成。
(2)了解玻璃水的类型。

2. 技能目标

(1)能够完成玻璃水的液位检查;
(2)能够完成玻璃水的加注。

3. 素质目标

(1)树立安全操作意识、8S意识。
(2)培养职业规范意识。
(3)培养人际沟通能力和团队协作意识。

6.4.1 知识储备

1. 玻璃水的组成和作用

玻璃水(如图6.21所示)是汽车挡风玻璃清洗液的俗称,属于汽车使用中的易耗品。优质的玻璃水主要由水、酒精、乙二醇、缓蚀剂及多种表面活性剂组成。当车前挡风玻璃透明度下降的时候喷一喷玻璃水,就能给驾驶员一个明朗清晰的视野。特别是在夜间行车时,玻璃上的灰尘会散射光线,这时就需要喷一喷玻璃水,让前挡风玻璃保持在最佳透明状态。

图6.21 玻璃水

2. 玻璃水的类型

玻璃水按状态可分为固体玻璃水和液体玻璃水。液体玻璃水又分为浓缩型和非浓缩型。非浓缩型直接添加即可,浓缩型玻璃水需要稀释使用,只需按照说明书上的指示操作即可。

玻璃水按使用环境可分为夏季用玻璃水、冬季防冻型玻璃水和特效防冻型玻璃水。夏季用的玻璃水在清洗液里增加了除虫胶成分,可以快速清除挡风玻璃上的飞虫残留物。冬季使用的防冻型玻璃水,能保证在外界气温低于-20℃时,依旧不会结冰。特效防冻型玻璃水可以保证在-40℃时依旧不结冰,适合在我国最北部的严寒地区使用。

3. 玻璃水的性能

1)清洗性能

玻璃水通常具有润湿、渗透、增溶等功能,可以起到清洁去污的作用。

2)防冻性能

玻璃水中的酒精、乙二醇能显著降低液体的冰点,从而能很快溶解冰霜,起到防冻的作用。

4. 使用注意事项

使用玻璃水时应注意:

(1)冬天务必把水放干净之后再重新加入防冻玻璃水。

(2)不可使用清水或洗洁精、洗涤剂、洗衣粉等勾兑的液体替代专用玻璃水。用这些混合液代替玻璃水存在一定的隐患。

①用水兑洗衣粉。洗衣粉水里会有一些沉淀物,时间长了,不仅会腐蚀橡胶管,而且会堵塞喷水口,严重情况下甚至会损坏电机。

②用水代替玻璃水的风险相对小一些,但普通的自来水同样含有较多杂质,时间长了,杂质会依附在橡胶管内,影响正常喷水,长期使用可能会使玻璃表面与雨刮器之间的摩擦力加大,使玻璃产生划痕。而且清水只能简单地清洗灰尘,对车窗上附着的脏污、虫子尸体等,并没有彻底的清洗能力。

6.4.2 任务实施

1. 任务实施准备

实训车辆4台、车轮挡块16个、车外三件套4套、车内四件套4套、手电筒4个。

2. 任务实施步骤

一般在汽车的仪表盘上会有一个玻璃水液位指示灯,如图6.22所示,平时为熄灭状态。指示灯点亮或闪烁时说明玻璃水快用完了,应添加玻璃水,添加足够的玻璃水后,指示灯熄灭。

第 6 章　汽车的日常养护

图 6.22　玻璃水液位指示灯

(1)打开汽车发动机舱盖,找出玻璃水储液罐,玻璃水储液罐罐盖上有个标志,如图 6.23 所示。

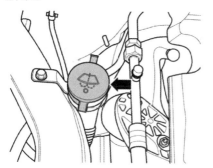

图 6.23　玻璃水储液罐

(2)打开盖后,拔出里面的玻璃水液位尺,在玻璃水液位尺上查看液面高度的位置,如图 6.24 所示。若玻璃水储液罐内的液位低于 1/3,则需要及时添加,如图 6.25 所示。

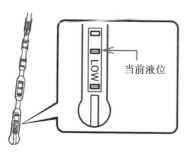

图 6.24　玻璃水液位尺　　　　　　图 6.25　添加玻璃水

6.4.3 任务工单

玻璃水的检查

1. 玻璃水的作用有哪些？
   _____
   _____
   _____

2. 玻璃水按使用环境分类_____、_____和_____。

3. 优质的汽车挡风玻璃水主要由_____、_____、_____、及多种表面活性剂组成。

4. 请简述玻璃水液位检查步骤。
   _____
   _____
   _____
   _____

5. 请简述玻璃水使用注意事项。
   _____
   _____
   _____
   _____

6. 仪表盘上 ▨ 点亮，说明什么？
   _____
   _____
   _____

7. 检查实训车辆玻璃水液位是否正常，并做记录。 ☐正常　　☐不正常

8. 拍摄玻璃水检查的小视频，上传至学习通。

9. 进行实训场地 8S 检查。

第 7 章　汽车发动机的养护

🔑 教学目标

(1) 能够熟练地更换机油及机油滤清器。
(2) 能够熟练地更换空气滤清器。
(3) 能够熟练地更换燃油滤清器。
(4) 能够熟练地更换火花塞。
(5) 能够熟练地进行节气门的清洗与匹配。

7.1　机油及机油滤清器的更换

✒ 任务描述

客户张先生的大众速腾轿车在行驶过程中,组合仪表上有报警灯点亮,张先生也不知道是什么问题,于是把车开到 4S 店,经维修技师检查,发现是机油报警灯点亮了,进一步检查发现是未定期更换机油,导致机油压力降低,需要更换新机油和机油滤清器。如果你是维修技师,请按照企业规范要求进行机油和机油滤清器的更换。

✨ 任务目标

1. 知识目标

(1) 掌握机油的更换步骤。
(2) 掌握机油滤清器的更换步骤。

2. 技能目标

能够正确更换机油及机油滤清器。

3. 素质目标

(1) 树立安全操作意识、8S 意识。
(2) 培养职业规范意识。
(3) 培养人际沟通能力和团队协作意识。

7.1.1 知识储备

1. 机油的作用

1）润滑作用

润滑运动零件表面,减小摩擦阻力和磨损,减少发动机的功率消耗。

2）清洗作用

机油在润滑系统内不断循环,清洗摩擦表面,带走磨屑和其他异物。

3）冷却作用

机油在润滑系统内循环,带走摩擦产生的热量,起到冷却作用。

4）密封作用

在运动零件之间形成油膜,以提高它们的密封性,有利于防止漏气或漏油。

5）防锈蚀作用

在零件表面形成油膜,对零件表面起保护作用,防止腐蚀生锈。

6）液压作用

润滑油可用作液压油,起液压作用,如液力挺柱等。

7）减震缓冲作用

在运动零件表面形成油膜,吸收冲击并减小震动,起减震缓冲作用。

2. 未定期更换机油的危害

机油对于发动机就如同血液对于心脏一样重要。然而随着时间的推移,机油内的杂质会越来越多,机油还会因高温氧化、燃油蒸气而变质,从而导致机油的润滑能力降低,加剧发动机内部的磨损,影响发动机的动力性、燃油经济性和排放性能。严重的还可能导致发动机"拉缸"等故障。

3. 机油的更换周期

定期更换机油是为了保持发动机的正常运转和延长发动机的使用寿命。一般来说,汽车制造商会提供机油更换周期的建议,用户可根据车辆的使用情况和运行里程数来决定更换机油的时间间隔。更换机油的周期主要取决于使用的机油类型。机油一般分为矿物油、半合成机油、全合成机油三种。这三种机油润滑效果、热稳定性、抗氧化性、抗磨性等性能各不相同,更换周期也不同。

1）矿物油

矿物油作为最初级的机油,不管是在润滑性、保护性,还是在机油的寿命和性能衰退上都不及半合成与全合成机油。如果车辆使用的是矿物油,每行驶里程 5000 km 或者 6 个月更换一次。

2) 半合成机油

半合成机油是矿物油向全合成机油的理想过渡产品,其性能已经非常接近于全合成机油了。如果车辆使用的是半合成机油,则每行驶里程7500 km或者8个月更换一次。

3) 全合成机油

全合成机油目前是润滑保护性和寿命最长的机油,使用全合成机油的车辆更换周期可以达到每10000 km或1年。

4. 机油滤清器

机油滤清器(如图7.1所示)是用于去除机油中的杂质,保护发动机的重要部件。在发动机工作过程中,金属磨屑、尘土、高温下被氧化的积碳和胶状沉淀物等会不断混入机油中。机油滤清器的作用就是滤掉这些机械杂质和胶质,保持机油的清洁,延长其使用期限。机油滤清器应在更换机油时一起更换。

图7.1 机油滤清器

7.1.2 任务实施

1. 任务实施准备

实训车辆4台、车轮挡块16个、车外三件套4套、车内四件套4套、机油4桶、机油滤清器4个、工具车4个、机油滤清器扳手4个、吸油纸若干、机油回收桶4个。

2. 任务实施步骤

1) 机油的排放

机油排放的具体步骤如下:

(1) 启动发动机。启动发动机,使机油温度升高,黏度降低。

(2) 关闭发动机。观察水温表指示数值的变化,如图7.2所示,当水温达到90℃左右,将发动机熄火。

图 7.2　水温表

(3)拧下机油加注口盖。机油加注口盖上一般有图标,如图 7.3 所示,逆时针方向旋转 90°即可取下。将机油加注口盖取下后放在工作台上,然后用一块干净抹布盖在机油加注口上,防止有异物掉入。

图 7.3　机油加注口盖

(4)将车辆举升至高位。举升机在使用时,有向上和向下的按钮,举升到目标位置后,务必将举升机锁止,防止意外滑落。

(5)拆卸放油螺塞,排放机油。将机油回收桶置于发动机油底壳放油螺塞的正下方,如图 7.4 所示。先用棘轮扳手拧松放油螺塞,再用手缓缓旋出放油螺塞,当感觉到仅剩 1~2 丝扣时,继续旋出时要稍用力向上,确定螺纹已全部旋出后,急速移开放油螺塞。

图 7.4　机油回收桶

(6)检查放油螺塞。如图 7.5 所示,检查放油螺塞六角是否完好,检查螺纹是否有损坏。密封垫应在每次拆装时进行更换。

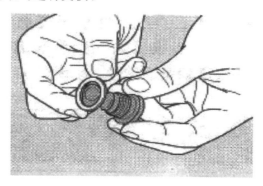

图 7.5　检查放油螺塞及密封垫

(7)拧紧放油螺塞。当油底壳排油孔的机油呈缓慢均匀滴状时,用手旋入放油螺塞。用扭矩扳手将放油螺塞拧紧至规定力矩,一般为 35～40 N·m。用棉纱擦净放油螺塞和油底壳上的油迹。

2)机油滤清器的更换

更换机油滤清器的步骤如下:

(1)机油滤清器的拆卸。如图 7.6 所示,用机油滤清器扳手拆下机油滤清器。如图 7.7 所示,机油滤清器拆卸后,将残存在机油滤清器内的机油倒入回收装置中。

图 7.6　机油滤清器扳手

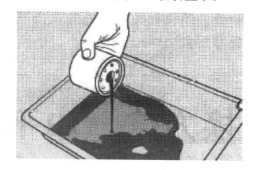

图 7.7　拆下机油滤清器

(2)机油滤清器的安装。如图 7.8 所示,先清洁机油滤清器座,更换一只相同型号的机油滤清器,然后在新机油滤清器密封圈上涂一层新润滑油,如图 7.9 所示,用手拧紧后再用专用工具拧紧(具体拧紧力矩参考相应车型的维修手册)。

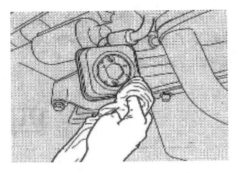 

图 7.8　清洁机油滤清器座　　　　图 7.9　新机油滤清器密封圈涂油

3）机油的加注

加注机油的步骤如下：

(1) 降下车辆。将车辆平稳降落到地面上，举升机的托盘和车身的支撑点不要脱离。

(2) 拿掉抹布。将加注口的抹布取下，放到工作台上。

(3) 加注机油。旋下机油桶盖，对正发动机的加油口，缓缓将机油倒入发动机内，如图 7.10 所示。加注机油的过程中也要观察机油下流速度，防止外溢。当加注量接近油桶容量约 3/4 时（大部分机油桶外部均有刻度线），停止加注机油。3～5 min 后，检查机油液面高度。少量补充机油，直至机油液位高度符合标准。所有发动机在运行过程中都会有机油消耗，为了避免机油消耗对发动机机械元件的损坏，多数车辆的机油液位应接近机油尺上限。

图 7.10　加注机油

7.1.3 任务工单

机油及机油滤清器的更换

1. 请简述机油的更换周期。
   _____
   _____

2. 请简述未定期更换机油的危害。
   _____
   _____

3. 机油滤清器什么时间更换,更换时有什么注意事项?
   _____

4. 请简述机油更换的步骤。
   _____
   _____
   _____
   _____

5. 发动机机油及机油滤清器更换作业全部完成后,根据实际操作内容完成下表。

更换项目	质量要求	检查结果	备注
更换发动机机油	更换机油标号		
	有无系统泄漏	有□/无□	
	加注量	合格□/不合格□	
	放油螺塞拧紧力矩		
	机油滤清器拧紧力矩		

6. 拍摄更换机油的小视频,上传至学习通。
7. 进行实训场地 8S 检查。

7.2 空气滤清器的更换

任务描述

李先生开着一辆红旗 HS5 汽车来 4S 店进行行驶里程 20000 km 的维护保养。其中包括更换空气滤清器。如果你是维修技师,该如何完成客户车辆的空气滤清器更换?

任务目标

1. 知识目标

(1)了解空气滤清器的作用。

(2)了解空气滤清器堵塞的危害。

2. 技能目标

能够按照规范流程完成空气滤清器的更换。

3. 素质目标

(1)树立安全操作意识、8S 意识。

(2)培养职业规范意识。

(3)培养人际沟通能力和团队协作意识。

7.2.1 知识储备

1. 空气滤清器的作用

空气滤清器的主要作用是过滤空气中的杂质,为发动机提供清洁的空气。空气滤清器由滤芯和壳体两部分组成。如图 7.11 所示为纸质空气滤清器。

图 7.11 纸质空气滤清器

2. 未定期更换空气滤清器的危害

如果空气滤清器过脏或堵塞,会使发动机进气不足,导致燃油燃烧不完全,进而导致发动机怠速不稳、加速无力、燃油消耗率增多。长期不更换空气滤清器,甚至可能对发动机造成磨损,导致发动机故障。

3. 空气滤清器更换周期

定期更换空气滤清器是为了保持发动机的正常运转和延长发动机的使用寿命。空气滤清器一般每行驶里程 20000 km 或 2 年更换一次,具体参照不同车型的保养手册。当行驶在沙地或尘土飞扬的地区,清洁或更换滤清器的间隔就要变短。各厂家对空气滤清器的更换里程要求不一样,大众、本田、别克旗下的大部分车型建议每行驶里程 20000 km 更换,红旗品牌旗下车型建议每行驶里程 25000 km 更换。如图 7.12 所示为红旗 HS5 的空气滤清器。

图 7.12 红旗 HS5 的空气滤清器

7.2.2 任务实施

1. 任务实施准备

实训车辆 4 台、车轮挡块 16 个、车外三件套 4 套、车内四件套 4 套、工具车 4 台、新空气滤清器 4 个。

2. 任务实施步骤

1)准备工作

将车辆驶入举升机工位的合适位置,停好后拉紧手刹,用车轮挡块挡住车轮。

2)找到空气滤清器位置

空气滤清器在发动机舱内,位置如图 7.13 所示。空气滤清器的明显特征是外壳盖连着一个较粗的空气软管。

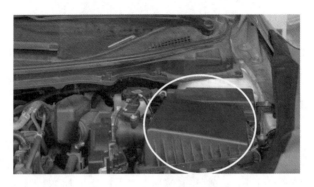

图7.13　空气滤清器位置

3）取出空气滤清器滤芯

不同车型空气滤清器的外壳固定形式也不同，一般分为卡扣安装式和螺丝安装式两种，如图7.14所示。拆下卡扣或螺丝，打开外壳盖，如图7.15所示，再取出空气滤清器滤芯。

图7.14　空气滤清器的外壳固定形式

图7.15　取出空气滤清器滤芯

4）检查空气滤清器滤芯

对未到维护里程能继续使用的空气滤清器滤芯，可以轻轻拍打将灰尘震掉，也可以使用压缩空气从里向外（与进气方向相反）吹掉空气滤清器滤芯内的灰尘（此操作需在开阔场地进行），如图7.16所示。注意选择合适的气压进行操作，以免压力过高损坏滤芯。若沾有油污或破损,应更换新件。

图 7.16 清洁空气滤清器滤芯

5)安装空气滤清器滤芯

安装新的或清洁后的空气滤清器滤芯时应注意滤芯的安装方向,安装完毕后检查滤芯安装是否到位。空气滤清器有各种规格及类型以适应不同的车型和发动机类型,因此,必须在零件清单中确定车辆空气滤清器的正确类型。

6)安装空气滤清器盖

安装空气滤清器盖,紧固盖上的固定螺钉或卡扣,连接附件。

7)收尾工作

取下翼子板布、格栅布,关上发动机箱盖,将车驶离工位。

7.2.3 任务工单

空气滤清器的更换

1. 空气滤清器的作用是什么?

2. 请简述未定期更换空气滤清器的危害。

3. 请简述空气滤清器的更换周期。

4. 请简述空气滤清器的更换步骤。

5. 检查实训车辆空气滤清器是否需要更换,并做记录。　☐需要　☐不需要

6. 拍摄空气滤清器更换的小视频,上传至学习通。

7. 进行实训场地 8S 检查。

7.3 燃油滤清器的更换

 任务描述

客户刘先生的 2016 款大众速腾轿车在行驶过程中出现加速不良,到 4S 店检查后发现是燃油滤清器太脏导致的燃油压力不足,需要更换新的燃油滤清器。如果你是维修技师,该如何完成客户车辆的燃油滤清器更换?

任务目标

1. 知识目标

(1) 了解燃油滤清器的作用。

(2) 了解燃油滤清器堵塞的危害。

2. 技能目标

能够按照规范流程完成燃油滤清器的更换。

3. 素质目标

(1) 树立安全操作意识、8S 意识。

(2) 培养职业规范意识。

(3) 培养人际沟通能力和团队协作意识。

7.3.1 知识储备

1. 燃油滤清器的作用

燃油滤清器的作用是把燃油中的氧化铁、粉尘等固体杂物除去,防止燃油系统堵塞(特别是喷油器),保证燃油供给系统中的燃油品质,确保发动机稳定运行,提高运行可靠性。

2. 未定期更换燃油滤清器的危害

燃油滤清器的作用是过滤燃油中的杂质,以保持燃油系统的清洁。随着时间的推移,燃油滤清器会逐渐堵塞,导致燃油流量减少,发动机性能下降,甚至出现启动困难、加速缓慢或无法加速等问题。如果燃油滤清器堵塞严重,还会引起发动机故障,导致维修成本增加。

3. 燃油滤清器的类型

1) 内置式燃油滤清器

内置式燃油滤清器和燃油泵是一体的,直接装在油箱内,如图 7.17 所示。

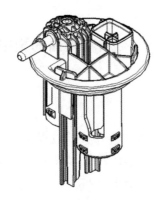

图 7.17 内置式燃油滤清器

2)外置式燃油滤清器

外置式燃油滤清器一般安装在车辆底部的燃油管路上,如图 7.18 所示。

图 7.18 外置式燃油滤清器

4. 燃油滤清器的更换周期

定期更换燃油滤清器是为了保持燃油系统清洁和保证发动机正常运转。在车辆使用过程中,燃油滤清器是耗材,需要定期更换与维护。内置式燃油滤清器一般建议每 4 年或行驶里程 60000 km 更换一次,外置式燃油滤清器建议每行驶里程 20000 km 更换一次。如果所在地区的燃油品质不好,应要缩短更换周期。具体最佳更换周期可以参考车辆保养手册上的说明。

7.3.2 任务实施

1. 任务实施准备

实训车辆 4 台、车轮挡块 16 个、车外三件套 4 套、车内四件套 4 套、燃油滤清器 4 个。

2. 任务实施步骤

1)外置式燃油滤清器的更换

更换外置式燃油滤清器的具体步骤如下:

(1)燃油供给系统泄压。如图7.19所示,先拔下燃油泵保险丝或继电器,使电动汽油泵不工作。然后确认驻车制动器已拉紧,变速器位于空挡位,打开点火开关并启动发动机。待发动机自动熄火后,关闭点火开关。再次启动发动机,直至无法启动为止。

图7.19　拔下燃油泵保险丝

(2)找到燃油滤清器位置。将车辆举升到目标高度,可靠停驻,外置式燃油滤清器安装在车辆底部的燃油管路上,如图7.20所示。

图7.20　外置式燃油滤清器位置

(3)拆卸旧燃油滤清器。先将接油杯放在进油管下方,用手指或旋具往下按油管上的卡扣,分别拆下进油管和出油管,如图7.21所示。再拆下固定螺栓,将燃油滤清器从安装支架上拆下来。

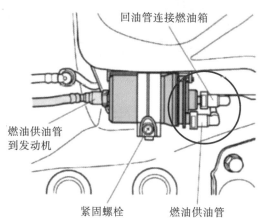

图7.21　拆卸燃油滤清器(外置式)

(4)安装新燃油滤清器。首先确认滤清器壳上的箭头"→"方向与燃油供给系统要求一致,如图7.22所示。然后将新的汽油滤清器按拆卸的相反顺序安装到原来的位置,确保进、出油管连接紧固,如图7.23所示。

图7.22 燃油滤清器壳上的箭头

图7.23 安装进油管和出油管

(5)连接电路。操纵举升机,将车辆下降至地面。然后将保险丝或继电器安装回原位置,如图7.24所示。

图7.24 安装燃油泵保险丝

(6)燃油系统检漏。进入驾驶室,确认驻车制动器已拉紧,变速器置于空挡位。启动发动机,使之怠速运转2~3 min,熄火,关闭点火开关。将车辆举升到合适的高度并可靠停驻,检查燃油滤清器的进、出油管处是否漏油。

(7)整理工位,关闭发动机舱盖,清洁工具和仪器,并清洁地面。

2)内置式燃油滤清器的更换

更换内置式燃油滤清器的步骤如下:

(1)燃油供给系统泄压。拔下燃油泵保险丝或继电器,使电动汽油泵不工作。然后二次启动发动机,验证燃油供给系统无燃油。

(2)找到燃油滤清器位置。拆下后排座椅,多数车型内置式燃油滤清器的安装位置在驾驶室后排座椅下部,如图7.25所示。

图7.25 燃油滤清器位置(内置式)

(3)拆卸燃油滤清器。先拆卸燃油泵盖板、线束及燃油管路,如图7.26所示。然后拆卸燃油滤清器。

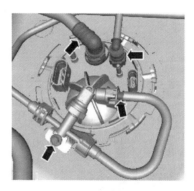

图7.26 拆卸燃油滤清器

(4)安装燃油滤清器。先安装燃油泵总成,然后安装燃油管路及线束,最后安装燃油泵盖板。

(5)连接电路。

(6)燃油系统检漏。

(7)整理工位。

7.3.3 任务工单

燃油滤清器的更换

1. 请简述燃油滤清器的作用。
   _____
   _____
   _____

2. 燃油滤清器的类型可分为 _____ 和 _____ 两类。

3. 请简述燃油滤清器的更换周期。
   _____
   _____
   _____

4. 请简述未定期更换燃油滤清器的危害。
   _____
   _____

5. 请简述燃油滤清器的更换步骤。
   _____
   _____
   _____

6. 根据下图所示判断并标记燃油的流动方向。

   燃油流动方向：_____

7. 找到实训车辆燃油滤清器的位置，并做记录。
   _____
   _____

8. 拍摄燃油滤清器更换的小视频，上传至学习通。

9. 进行实训场地 8S 检查。

7.4 火花塞的更换

任务描述

一辆广汽传祺轿车行驶了 80000 km,车主最近发现发动机运行时,出现抖动的现象,而且加速无力,于是到维修企业进行检查。维修技师通过检查及与车主交流,发现汽车的点火系统存在故障,需要更换火花塞。如果你是维修技师,该如何完成客户车辆的火花塞的更换?

任务目标

1. 知识目标

(1)了解火花塞的功用。
(2)了解火花塞的保养周期。

2. 技能目标

能够完成火花塞的更换。

3. 素质目标

(1)树立安全操作意识、8S 意识。
(2)培养职业规范意识。
(3)培养人际沟通能力和团队协作意识。

7.4.1 知识储备

1. 火花塞的作用

火花塞是汽油机点火系统的重要元件,它可将高压电引入燃烧室,并使其跳过电极间隙而产生火花,从而点燃气缸中的可燃混合气。火花塞电极间隙多为 1.0~1.2 mm。火花塞实物如图 7.27 所示。

图 7.27　火花塞

2. 不定期更换火花塞的危害

火花塞有使用寿命,长期使用会积碳。若不及时更换火花塞,将导致发动机启动困难、动力不足、耗油量增加、排放超标。

3. 火花塞的更换周期

定期更换火花塞是为了保持点火可靠,以保证发动机的动力性、燃油经济性和排放性能。火花塞的使用寿命取决于火花塞的电极材料。目前市面上主要包括普通镍合金火花塞、铱金火花塞、铂金火花塞和铱铂金火花塞。火花塞的最佳更换周期参照不同车型的保养手册。

1)普通镍合金火花塞

普通镍合金材料的火花塞,一般建议每行驶里程 20000 km 更换一次。

2)铱金火花塞

铱金火花塞目前使用得比较广泛,一般建议每行驶里程 60000 km 更换一次。

3)铂金火花塞

铂金火花塞的使用寿命比铱金火花塞更长,可以用到行驶里程 80000~100000 km。

4)铱铂金火花塞

铱铂金火花塞是一种超高端材料的火花塞,可以用到行驶里程 100000 km 以上。

7.4.2 任务实施

1. 任务实施准备

实训车辆 4 台、车轮挡块 16 个、车外三件套 4 套、车内四件套 4 套、火花塞 16 个。

2. 任务实施步骤

1)火花塞的拆卸

拆卸火花塞的具体步骤如下:

(1)用气枪清洁发动机上部。

(2)拔下点火线圈的线束插头,再用套筒拧下点火线圈的固定螺栓,如图 7.28 所示。

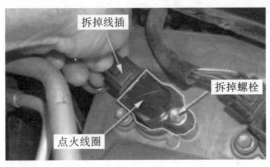

图 7.28 点火线圈插头及固定螺栓位置

(3)拔出点火线圈。

(4)用专用工具拆下火花塞,并用干净的抹布盖住火花塞座孔。

2)火花塞的检查

火花塞的检查包括以下方面:

(1)检查火花塞螺纹,如果火花塞螺纹有损坏,需更换新的火花塞。

(2)检查火花塞陶瓷部分,如果出现裂纹、损坏,需更换新的火花塞。

(3)检查火花塞电极间隙,火花塞电极间隙因车型而异,可以从保养手册中查找。火花塞电极间隙一般为1.0~1.2 mm。火花塞电极间隙过小,火花塞跳火,能量变弱,电极容易烧蚀;火花塞电极间隙过大。发动机高速运转时易出现断火。如图7.29所示,可使用火花塞间隙规(也可用塞尺)测量电极间隙。

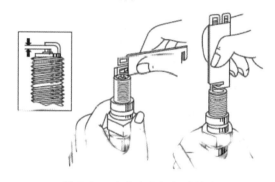

图 7.29　火花塞电极间隙检查

3)火花塞的安装

安装火花塞时应按如下步骤操作:

(1)使用火花塞套筒安装新火花塞,确保使用规定受热程度和尺寸的新火花塞;火花塞安装效果如图7.30所示。

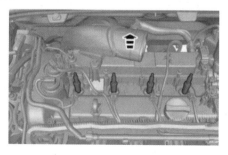

图 7.30　火花塞的安装

(2)查阅维修手册,按规定扭矩拧紧火花塞。

(3)安装点火线圈。

(4)启动发动机,观察发动机运转情况。

(5)关闭发动机,安装发动机上护罩。

7.4.3 任务工单

火花塞的更换

1. 请简述火花塞的作用。 _____ _____ _____ 2. 请简述不定期更换火花塞的危害。 _____ _____ _____ 3. 请简述火花塞的更换周期。 _____ _____ _____ 4. 请简述火花塞的更换步骤。 _____ _____ _____ _____ 5. 请简述更换火花塞的注意事项。 _____ _____ _____ 6. 检查实训车辆火花塞是否正常,并做记录。　　☐正常　　☐不正常 7. 拍摄更换火花塞的小视频,上传至学习通。 8. 进行实训场地 8S 检查。

7.5 节气门的清洗与匹配

任务描述

王女士的车辆行驶 50000 km 后,出现怠速不稳、加速无力、油耗增加的情况,于是将车开到 4S 店维修。经维修技师检查发现是节气门积碳导致的。如果你是维修技师,请按照企业规范要求进行节气门的清洗与匹配。

任务目标

1. 知识目标

(1)了解节气门的作用和类型。
(2)了解节气门的清洗步骤。

2. 技能目标

能够完成节气门的清洗与匹配。

3. 素质目标

(1)树立安全操作意识、8S 意识。
(2)培养职业规范意识。
(3)培养人际沟通能力和团队协作意识。

7.5.1 知识储备

1. 节气门的作用

节气门是控制空气进入发动机的重要关口,它的主要作用是调节发动机的进气量,进而控制发动机的动力输出。当驾驶员踩下油门踏板时,节气门会打开,允许更多空气进入发动机,从而提高发动机的功率和转速。反之,当驾驶员松开油门踏板时,节气门会关闭,减少发动机的进气量,降低发动机的功率和转速。

2. 节气门的类型

节气门有传统拉线式节气门和电子节气门两种。传统发动机节气门操纵机构是通过拉索(软钢丝)或者拉杆,一端连接油门踏板,另一端连接节气门连动板工作的。电子节气门主要通过节气门位置传感器,根据发动机所需能量,控制节气门的开启角度,从而调节进气量的大小。电子节气门如图 7.31 所示。

图 7.31 电子节气门

3. 未定期清洗节气门的危害

发动机加速是否灵活,与节气门的清洁度有直接关系。发动机在运转过程中,气缸内燃烧产生的废气会有一小部分通过进气门、进气管道在节气门处生成积碳。

此外,空气经过空气滤清器(特别是使用时间较长的空气滤清器)后,会有杂质残留在节气门中,这些污物积累下来,时间长了就会在节气门处形成污垢,造成节气门开关阻力增大、节气门关闭不符合设定的标准值等,导致发动机怠速不稳、怠速抖动等故障。所以要定期清洗节气门。

4. 节气门的保养周期

在车辆例行保养过程中,节气门没有固定的更换里程或使用寿命,只有节气门损坏,才需要更换。但是节气门需要定期清洗,通常需要每行驶里程 20000~40000 km 清洗一次。如果经常在路况极差的路段行驶,可以每行驶里程 15000 km 清洗一次。定期清洗节气门可以降低油耗、提高燃油效率和延长发动机使用寿命。

7.5.2 任务实施

1. 任务实施准备

实训车辆 4 台、车轮挡块 16 个、车外三件套 4 套、车内四件套 4 套、化油器清洗剂 4 瓶。

2. 任务实施步骤

1)清洗节气门

清洗节气门的具体步骤如下:

(1)拧松连接在节气门上的进气软管的卡箍螺栓。

(2)取下带空气滤清器壳体的进气软管总成。

(3)拔下节气门上的线束插头。

(4)拆下固定节气门的螺栓或螺母,拆下节气门总成。

(5)用化油器清洗剂清洗节气门。对着节气门阀片、节气门轴、节气门内壁喷清洗剂,节气门阀片正反两面都要清洗干净。

图 7.32　用化油器清洗剂清洗节气门

(6)清洗时,应将节气门位置传感器朝上,不要使清洗剂进入传感器等电气部件内部,否则会造成电气部件损坏,也不要用清洗剂清洗橡胶密封垫。

(7)清洗结束后,按照与拆卸相反的顺序装回节气门总成。

节气门清洗前的状态如图 7.33 所示,节气门清洗后的状态如图 7.34 所示。

图 7.33　节气门清洗前　　　　图 7.34　节气门清洗后

2)节气门匹配

在汽车的发动机管理系统中,节气门的开度是通过电子控制单元(electronic control unit,ECU)来精确控制的。ECU 会根据多种传感器(如油门踏板位置传感器、空气流量传感器等)的输入信号来计算节气门的最佳开度,并通过驱动电机来调节节气门的开度,这个过程被称为"节气门匹配"。

节气门匹配是确保汽车发动机正常工作以及行驶安全的重要环节。通过精确的节气门匹配,可以确保发动机在各种工况下都能获得适量的空气,从而实现最佳的动力输出、燃油经济性、尾气排放以及行驶安全性。各种车系的匹配方法不太一样,一般有以下几种:

(1)手动匹配。

①拉线式节气门:有些车辆采用的是拉线式节气门,在更换节气门后,可以手动匹配。

用钥匙把点火开关连续开关几次,发动机 ECU 就会把原节气门的记忆删除,储存新节气门的数据。启动发动机,车辆运转正常,即完成匹配。

②电子节气门:当电子节气门更换后,打开点火开关,可以听到节气门电动机动作的响声。等待 1 min 左右,当节气门电动机再次动作的时候,就可以直接启动发动机。如果发动机怠速运转正常,说明节气门匹配成功。

(2)断电匹配。在更换节气门后,把蓄电池负极断开,等待 1 min(有些车辆可能需要更长的时间,但是不会超过 30 min)后再装回蓄电池负极。在这个过程中会清除车载计算机原有的记忆,恢复到出厂设置,启动车辆运转正常后,即匹配成功。如果采用这个方法,车辆的时钟、车窗、天窗、音响等可能都要重新设定,故很少采用。

(3)故障诊断仪匹配。现在大多数汽车发动机采用的都是电子节气门,电子节气门匹配一般需要使用专用或通用的故障诊断仪进行操作,按故障诊断仪的提示清空发动机 ECU 原有数据,并识别新数据。匹配方法如下:

①启动发动机,使发动机达到正常工作温度,发动机 ECU 中无故障码,关闭所有用电设备及空调。

②进行故障诊断仪匹配。连接故障诊断仪,选择车型,选择发动机 ECU,进入"发动机控制单元",找到节气门初始化选项(有些车型的专用诊断仪具有引导型功能,按照相应提示操作即可)。

③按照故障诊断仪屏幕显示的提示内容操作。此时节气门调节器进入最大及最小位置运行,发动机 ECU 将最大及最小的节气门角度存储到永久存储器中,该过程持续 10 s 左右。紧接着使节气门短时间处于启动位置,然后关闭,节气门初始化匹配即可完成。

7.5.3 任务工单

节气门的清洗与匹配

1. 节气门的作用是什么？
   _____
   _____

2. 节气门包括_____和_____两种类型。

3. 节气门为什么要定期清洗？
   _____
   _____
   _____

4. 为什么要进行节气门匹配？
   _____
   _____
   _____
   _____

5. 节气门匹配包括_____、_____和_____。

6. 检查实训车辆节气门是否需要清洗，并做记录。 □需要 □不需要

7. 拍摄节气门清洗的小视频，上传至学习通。

8. 拍摄节气门匹配的小视频，上传至学习通。

9. 进行实训场地8S检查。

第8章 汽车底盘的养护

教学目标

(1) 能够正确选用合适制动液。
(2) 能够按照操作工艺对汽车制动液进行更换。
(3) 能够熟练地检查制动片及按规范更换制动片。
(4) 能够正确检查轮胎及对轮胎进行常规保养。
(5) 能按规范要求选用和养护与车辆相匹配的轮胎。
(6) 能够按照工艺要求对轮胎进行换位。
(7) 能够完成自动变速器油的更换。
(8) 能够对助力转向油进行检查并能按照工艺流程更换助力转向油。

8.1 汽车制动液的更换与排气

任务描述

客户李先生发现他的车在行驶过程中短距离制动时,制动踏板脚感没有变化,长距离制动时,制动踏板变软,制动效果不佳,影响行车安全,到4S店检查后发现是制动液含水率太高导致制动压力不足,需要更换制动液。请按照企业规范要求和汽车专业"1+X"技能等级证书技能培养要求,完成对汽车制动液的检查更换。

任务目标

1. 知识目标

(1) 熟悉制动液的物理、化学性质。
(2) 掌握制动液更换要求。

2. 技能目标

(1) 能根据使用车辆选择合适的制动液。
(2) 能按照工艺要求排除液压制动回路排气及更换制动液。

3. 素质目标

(1) 树立安全操作意识、8S意识。

(2) 培养职业规范意识。

(3) 培养人际沟通能力和团队协作意识。

8.1.1 知识储备

1. 定期更换制动液的原因

制动液是汽车液压制动系统中传递制动压力的液态介质。制动液需要定期更换的主要原因如下：

(1) 变质。若长时间使用，制动液会因氧化而变质，直接影响制动效果，从而影响驾驶安全。

(2) 沸点降低。制动液因具有吸湿的特性不可长期暴露在空气中。当制动液中混入过量水分，会降低制动液的沸点，使制动液的抗气阻能力大大下降，直接影响制动效果，从而影响驾驶安全。

(3) 低温流动性变差。制动液会因低温而黏度增大，流动性变差，使制动踏板"发硬"，最终导致制动失效。

2. 制动液更换周期及标准

汽车制动液的更换周期及标准如下：

(1) 汽车行驶2年或每40000 km更换一次制动液。

(2) 新制动液是清澈的，但随着使用会逐渐变浑浊，严重污染的制动液必须予以更换。

(3) 当车辆制动力下降或制动不灵敏时需及时更换制动液。

3. 制动液选用及注意事项

汽车制动液的选择应坚持两条原则：一是必须选用同一种类的制动液，尽量选择合成制动液；二是品质等级以 FMVSS No.116 DOT 标准为准。选用制动液时应注意：

(1) 所选制动液的质量等级不能低于车辆制造厂规定的等级。

(2) 制动液的产品类型应与车辆制造厂规定的类型一致。

(3) 尽量选用由知名厂家生产的、性能稳定、质量可靠的制动液。

(4) 合成型制动液型号很多，颜色各异，选用时必须注意其质量指标中的温度范围、常温和低温下的黏度、透明度是否符合标准，有无沉淀和异味。

4. 液压制动回路排气

若制动管路进入空气，会造成制动距离增加，严重的还可能导致制动失效，因此应对制动管路进行排气。操作过程中，需两个人配合工作。制动管路排气前，必须将制动系统元件安装到位。

制动管路的排气原则是由远及近,即排气顺序是先排距离制动主缸最远的右后制动轮缸,再分别排左后、右前、左前制动轮缸。

制动管路的排气操作步骤如下:

(1)一人(踏板操作人员)在驾驶室内操作制动踏板,另一人(排气操作人员)在车辆下部进行操作。举升车辆至规定高度(可根据车辆下部操作人员便于操作的高度)。

(2)向制动主缸的储液加注制动液,并保证排气过程中制动液量不得少于储液罐半满状态(液面位于 MIN 线以上)。

(3)排气操作人员拆下排气螺钉的防尘帽,把透明导液管接到制动轮缸的排气螺钉上,导液管的另一端插入容器,如图 8.1 所示。

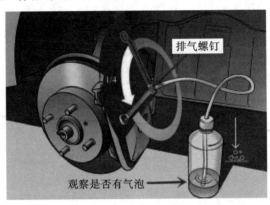

图 8.1　液压制动回路排气

8.1.2　任务实施

1. 任务实施准备

实训车辆 4 台、车轮挡块 16 个、车外三件套 4 套、车内四件套 4 套、手电筒 4 个、制动液 4 桶(约 1 L/桶)、制动液吸出专用工具 4 个、举升机 4 台。

2. 任务实施步骤

1)使用气动工具更换制动液

使用气动工具更换制动液的步骤如下:

(1)将制动液添加工具安装到制动液储液罐上,如图 8.2 所示。

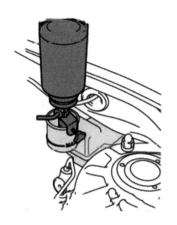

图 8.2 安装制动液添加工具

（2）制动液更换的顺序为右后轮、左后轮、右前轮、左前轮。

（3）将制动液更换器一端与压缩空气机相接，另一端与制动轮缸排气塞（排放塞、放气阀）相接。

（4）打开制动液更换器开关，使更换器内部产生真空，再拧松放气塞1/4圈，吸出轮缸内的旧制动液，当观察到吸出的制动液为新加入液体时，拧紧制动轮缸排气阀，如图8.3所示。

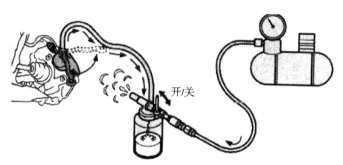

图 8.3 使用气动工具制动液更换

（5）依次按顺序更换其他车轮制动液。

2）人工更换制动液操作

更换制动液前查阅维修手册，拔掉制动灯控制线，使制动灯在踩动制动踏板时不亮，延长制动灯的使用寿命。

人工更换制动液操作如图8.4所示。

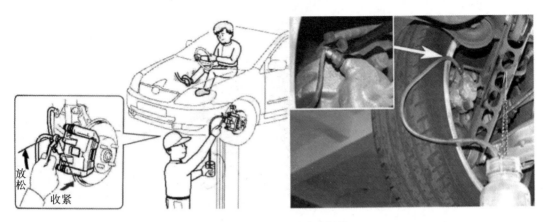

图 8.4　人工更换制动液操作

（1）拧开制动液储液罐盖，一人坐入驾驶室并将车辆举起到合适高度。

（2）另一人在车下，将透明塑料管套在右后车轮放油螺栓上，另一头伸入塑料瓶中。用油管扳手或普通扳手将放油螺栓拧松。坐在主驾驶座的操作人员用力反复踩动制动踏板，直到无制动液流出为止，拧紧放油螺栓。

（3）给制动液壶内加入新制动液，液面可高出刻度规定值，然后驾驶室内的工作人员反复踩动制动踏板到最高点，并踩住不要松脚，车下操作人员松开放油螺栓，待制动液流完后，拧紧放油螺栓，并通知驾驶室的工作人员松脚。重复刚才的动作，直到放油口流出清亮的新的制动液并无气泡时，再拧紧放油螺栓。注意看制动液壶中制动液的液面高度，不够时须添加。

（4）用上述方法，分别对其他车轮进行第二步的操作，直到油管流出清亮的新制动液且无气泡时，再结束放油。

（5）更换制动液的顺序应由远及近，先从制动管路的最远端开始，更换的顺序为右后轮、左后轮、右前轮、左前轮。

（6）四个车轮的制动液更换完毕后，进行路试，若发现制动软、不灵敏，请重复步骤（3）的操作，对车轮进行放气，放气顺序按照步骤（5）进行。注意制动液储液罐的液面高度，换油或排气完成后，应检查补加。

在更换制动液的过程中，应及时添加储液罐内的制动液，以免储液罐液面过低；所有制动液更换完毕后，将储液罐内制动液液面调整到最高刻度线位置，拧上储液罐盖，用布清理溅出的制动液；再次检查制动轮缸排气塞是否拧紧，清理排气塞周围溅出的制动液，安装排气塞帽；检查制动踏板能不能完全被踩下，以确保有足够的制动余量。

8.1.3 任务工单

制动液的更换

1. 请简述液压制动的原理。
_____
_____
_____
_____
_____

2. 制动液的更换周期为_____。

3. 请简述更换制动液的步骤。
_____
_____
_____
_____
_____
_____
_____

4. 检查更换后车辆制动液液位是否正常,并做记录。　□正常　□不正常

5. 拍摄更换制动液的小视频,上传至学习通。

6. 进行实训场地 8S 检查。

8.2 制动片的检查与更换

任务描述

服务顾问接车时接到客户反映该车制动性能下降,发现车辆的行驶里程已经超过40000 km,需要对车辆进行行驶里程 40000 km 的保养。维修技师根据车辆供应商对车辆行驶里程 40000 km 维护与保养的内容及要求,对捷达轿车进行行驶里程 40000 km 维护与保养。

任务目标

1. 知识目标

(1)掌握制动片检查标准。

(2)掌握制动片检查的步骤。

2. 技能目标

(1)能够完成制动片的检查。

(2)能按规定定期更换制动片。

3. 素质目标

(1)树立安全操作意识、8S 意识。

(2)培养职业规范意识。

(3)培养人际沟通能力和团队协作意识。

8.2.1 知识储备

1. 制动片的作用

制动片也叫刹车片,在汽车的制动系统中,制动片是最关键的安全零件,对制动效果起着决定性作用。

2. 未及时更换制动片的危害

制动片属于消耗品,在使用过程中会逐渐被磨损。未及时更换制动片会导致制动行程加大、制动反应速度变慢、制动距离变长。当磨损到极限时,必须予以更换,否则会降低制动效果,甚至会造成安全事故。

3. 选用更换制动片的注意事项

(1)制动片直接影响行车安全,必须严肃对待。

(2)制动片一般由铁衬板和摩擦材料两部分组成,一定不要等摩擦材料部分都磨没了,才更换制动片。有些车辆带有制动片报警功能,一旦达到了磨损极限,仪表会报警提示更换制动片。达到了使用极限的制动片必须更换,即使尚能使用一段时间,也会降低制动效果,影响行车安全。

(3)更换时要换原厂提供的制动片备件,只有这样,才能使制动片和制动盘之间的制动效果最好,磨损最小。

(4)更换制动片时必须使用专用工具将制动轮缸活塞顶回,不能用其他撬棍硬压回,否则易导致制动钳导向螺丝弯曲,使制动片卡死。

4. 盘式制动器检测

1)直观制动盘检查

通常不须拆下制动盘即可对其进行直观检查。车轮拆下后,制动盘的外表面便暴露出来。内表面可能被防溅板遮住,可以用一个手电筒,从防护板和制动盘之间检查制动盘的内表面。

(1)直观检查一般应查看有无两种类型的损伤:裂纹或划痕,如图8.5所示。

(2)只要制动盘有裂纹,就应更换。

(3)划痕是最明显的制动盘损伤,程度有重有轻。制动盘的轻微划痕是正常的,如果划痕严重,致使制动盘表面变得粗糙或产生沟槽,制动盘就必须更换。

图 8.5 直观检查制动盘

2)检测制动盘厚度

制动盘在使用过程中磨损,会使其厚度减小,厚度的偏差会影响制动盘的平行度,用外径千分尺在制动盘与制动片接触的中心位置(距离盘外缘10 mm的距离)最少3个点等距离测量厚度,厚度的减小量不得少于标准厚度2 mm(如图8.6所示)。

8.6　制动盘磨损极限检测

3）检查制动盘端面跳动

制动盘过度的端面跳动会使制动踏板抖动或使制动片磨损不均匀。这项检查只有在平时的行车制动过程中出现制动抖动时才进行，日常的维护与保养不需要进行此操作。制动盘跳动量检查如图 8.7 所示，大多数轿车的最大跳动量不得大于 0.06 mm。

图 8.7　制动盘跳动量检测

4）检查制动钳

检查制动钳主要是检查制动钳壳体有无损伤和严重锈蚀，导向装置是否磨损或变形，弹性夹的弹性是否正常，支架是否有裂纹或磨损，支架弹簧是否变形，制动块支撑有无损伤等现象。若有上述现象，应予以更换。检查制动钳防尘罩，若有破损、裂纹、老化、变形等损伤情况，也应予以更换。

5）检查制动片

一般车辆的制动钳上设有观察孔，可以根据车辆行驶里程检查其厚度。通过游标卡尺可以直接测量制动片的厚度，如图 8.8 所示。捷达轿车制动片的磨损极限是 2 mm（不包括后板），达到极限后必须更换，如检查发现制动片有裂纹，也应更换。

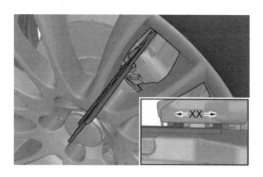

图 8.8　制动片厚度检测

8.2.2　任务实施

1. 任务实施准备

实训车辆 4 台、举升机 4 台、扭矩扳手 4 把、活塞复位装置 4 套、制动片 4 套、游标卡尺 4 把、千分尺 4 把、百分表及磁力表座 4 套、通用工具 1～2 套、车外三件套 4 套,车内四件套 4 套、维修手册 4 份。

2. 任务实施步骤

1)拆卸制动片

拆卸制动片的具体步骤如下:

(1)拆卸车轮。

(2)拆下制动片盖罩,如图 8.9 所示。

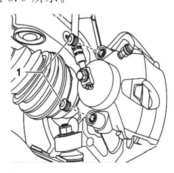

图 8.9　制动片盖罩

(3)松开两个导向销(如图 8.10 中箭头处),并从制动钳上取出。

图 8.10　导向销

(4)取下制动钳并用钢丝固定,以免因制动钳的重量使制动软管受到损坏。

(5)从制动钳上取出制动片。

2)检查制动片

检查制动片的步骤为:

(1)目视检查制动片是否有裂纹、烧结,磨损是否均匀,制动片与背板是否有间隙或松动现象。

(2)用游标卡尺测量记录制动片的厚度。

(3)根据检查结果判断制动片是否需要更换。

3)更换制动片

更换制动片需要的专用工具和维修设备有扭矩扳手、活塞复位装置,如图 8.11 所示。

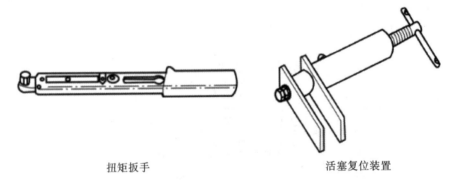

扭矩扳手　　　　　　　　　　活塞复位装置

图 8.11　更换制动片的专用工具

更换制动片的具体操作步骤如下:

(1)在用活塞复位装置将活塞压入制动钳前,必须从制动液储液罐内吸出制动液。否则,如果在制动片磨损期间添加了制动液,制动液会溢出。

(2)使用活塞复位装置复位制动活塞,如图 8.12 所示。

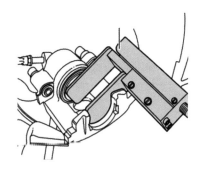

图 8.12　复位制动活塞

(3) 将制动片装入制动钳(将背面带有"活塞侧"文字的制动片一侧装入制动器活塞)。
(4) 将制动钳装入制动器支架下方,使制动钳处于制动器支架之后。
(5) 用导向销将制动钳拧紧在制动器支架上,并按照工艺装配要求紧固到规定力矩。
(6) 装上两个盖罩。
(7) 安装车轮。

特别提示:每次更换制动片后,要在停车状态下多次将制动踏板用力踩到底,以便让制动片进入与其运行状态相符的位置,消除制动片与制动盘间的间隙。更换制动片后应检查制动液液位。制动片更换后,需磨合 200 km 方能达到最佳的制动效果,刚换过制动片的车辆需谨慎驾驶。

8.2.3 任务工单

制动片的检查更换

1. 请简述制动盘的检查方法。
_____
_____
_____

2. 如何检查、更换制动片？
_____
_____
_____
_____

3. 盘式制动器检查。

检查顺序	检查项目	检查结果	结论及措施	备注
1	制动盘厚度			
2	制动盘端面跳动			
3	制动钳工作情况			
4	制动片表面			
5	制动片厚度			

4. 拍摄制动盘检查的小视频，上传至学习通。

5. 请简述制动盘更换步骤。
_____
_____

6. 进行实训场地 8S 检查。

8.3 轮胎的检查与更换

任务描述

服务顾问接车时发现车辆的行驶里程已经超过 20000 km,需要对车辆进行行驶里程 20000 km 保养,所以服务顾问与车间维修技师沟通安排工位,维修技师根据车辆供应商的行驶里程 20000 km 保养项目内容及要求对车辆进行保养。完成后将车辆和任务单送回给服务顾问,最终由服务顾问将车辆交给客户。本节工作任务为行驶里程 20000 km 保养中汽车轮胎的检查与更换。

任务目标

1. 知识目标

(1)掌握轮胎检查的主要内容。
(2)掌握轮胎换位的方法。

2. 技能目标

(1)能够完成汽车轮胎的检查与更换。
(2)能按要求选用和养护与车辆相匹配的轮胎。
(3)能按工艺要求对轮胎进行换位。

3. 素质目标

(1)树立安全操作意识、8S 意识。
(2)培养职业规范意识。
(3)培养人际沟通能力和团队协作意识。

8.3.1 知识储备

1. 轮胎的作用

现代汽车几乎都采用充气轮胎,轮胎安装在轮辋上,直接与路面接触,具有承重、缓冲和提供附着等作用。

1)承重

汽车轮胎是汽车的重要部件之一,在众多汽车零部件中,只有轮胎与地面直接接触,汽车本身的重量和汽车上的乘客及载运货物的重量都要靠轮胎来支撑,因此,轮胎必须具有足够的承受载荷的能力。

2)缓冲

汽车行驶时因路面不平会受到冲击,为保证汽车具有良好的乘坐舒适性,必须设法消除和衰减汽车行驶中产生的振动,该任务通常是由轮胎和汽车悬架共同完成的。因此,轮胎必须具有适当的弹性。

3)提供附着

汽车行驶所需要的驱动力、汽车减速或停驶所需要的制动力等都要靠轮胎与路面的作用产生,因此,轮胎应具有与路面间良好的附着性。为增强轮胎的附着性,轮胎胎面通常有多种形状的花纹。

2. 轮胎的分类

根据汽车轮胎充气压力、胎面花纹和胎体结构的不同,轮胎可分为不同类型。

1)按轮胎充气压力分类

汽车轮胎按充气压力不同,可分为高压轮胎、低压轮胎和超低压轮胎三种。

(1)高压轮胎。充气压力为 $0.5\sim0.7$ MPa 的轮胎为高压轮胎。高压轮胎的滚动阻力小、油耗低,但缓冲性能差,与路面的附着能力低,因此在汽车上很少使用。

(2)低压轮胎。充气压力为 $0.15\sim0.45$ MPa 的轮胎为低压轮胎。低压轮胎由于具有弹性好、断面宽、与道路接触面积大、壁薄而散热性好等优点,被广泛使用。目前,轿车、载货汽车上几乎都采用的是低压轮胎。

应当指出的是,随着制造材料的发展,目前有些低压轮胎的充气压力已被提高,压力值已属高压轮胎范围,但仍将其划归为低压轮胎。原因是这些轮胎的工作压力虽然较高,但它仍具有同规格低压轮胎的良好缓冲性能,故仍属于低压轮胎。

(3)超低压轮胎。充气压力低于 0.15 MPa 的轮胎为超低压轮胎。超低压轮胎的断面宽度比低压轮胎宽,与道路的接触面积也比低压轮胎大,所以超低压轮胎在松软路面上的通过能力比较好,非常适合在泥泞路、雪地、沙漠等地带使用。目前,超低压轮胎多用于越野汽车和少数特种汽车上。

2)按胎面花纹分类

汽车轮胎按胎面花纹不同,可分为普通花纹轮胎和越野花纹轮胎。

(1)普通花纹轮胎。普通花纹轮胎可细分为横向、纵向和混合花纹轮胎,如图 8.13 所示。横向花纹轮胎适合在较差的路面和碎石路面上使用;纵向花纹轮胎适合在较好的路面上使用;混合花纹轮胎适合在一般路面上使用。

横向花纹轮胎　　　　　纵向花纹轮胎　　　　　混合花纹轮

图 8.13　普通花纹轮胎

(2)越野花纹轮胎。如图 8.14 所示,越野花纹轮胎的花纹凹部深而粗,单位面积所受的压力大,抓着性和抛土性好,不夹石子,散热好,在恶劣路面上的牵引性和通过性较好,因而适合在矿山、建筑工地、林区等软路面上行驶,如在硬路面上行驶,则花纹磨损会较快。此外,有些越野花纹有行驶方向,使用时应使胎面花纹的尖端与旋转方向一致。

图 8.14　越野花纹轮胎

3)按胎体结构分类

汽车轮胎按胎体结构不同,可分为普通斜交轮胎和子午线轮胎。

(1)普通斜交轮胎。普通斜交轮胎帘布层的帘线以交叉形式层叠胶接,胎体坚固,侧向刚性好,但缓冲性能较差。

(2)子午线轮胎。子午线轮胎的帘线以子午线形式排列,与外胎圆周成正交,强度得到充分发挥。子午线轮胎比普通斜交轮胎的使用寿命长、缓冲性能好、滚动阻力小、承载能力大、附着性能好、行驶稳定性好。所以,子午线轮胎目前广泛应用在各类汽车上。

3.子午线轮胎的规格

如图 8.15 所示,以某轿车轮胎的规格 215/50 R 17 91 V 为例进行说明。

图 8.15　某轿车轮胎的规格

(1) 215 表示轮胎宽度为 215 mm。

(2) 50 表示扁平比为 50%，扁平比为轮胎高度 H 与宽度 B 之比。

(3) R 表示子午线轮胎，即"Radial"的第一个字母。

(4) 17 表示轮胎内径为 17 英寸（约 43.18 cm）。

(5) 91 表示荷重等级，即最大载荷质量。荷重等级为 91 的轮胎的最大载荷质量为 615 kg。常见的汽车轮胎荷重等级及对应的最大载荷质量见表 8-1。

表 8-1　常见的汽车轮胎荷重等级及对应的最大载荷质量

荷重等级	最大载荷质量/kg	速度等级	最高车速/(km·h^{-1})
75	387	85	515
76	400	86	530
77	412	87	545
79	437	88	560
80	450	89	580
81	462	90	600
82	475	91	615
83	487	92	630
84	500	93	650

(6) V 表示速度等级，表明轮胎能行驶的最高车速。常见的汽车轮胎速度等级及对应的最高车速见表 8-2。

表 8-2　常见的汽车轮胎速度等级及对应的最高车速

速度等级	最高车速/(km·h^{-1})	速度等级	最高车速/(km·h^{-1})
L	120	T	190
M	130	U	200

续表

速度等级	最高车速/(km·h⁻¹)	速度等级	最高车速/(km·h⁻¹)
P	150	V	240
Q	160	Z	240 以上
R	170	W	270 以下
S	180	Y	300 以下

另外,轮胎规格前加"P",表示轿车轮胎;胎侧标有"REINFORCED",表示经强化处理;"RADIAL"表示子午线胎;"TUBELESS"(或 TL)表示无内胎(真空胎);"M+S"(mud and snow)表示适合于泥地和雪地;"→"表示轮胎旋向,不可装反。

4. 轮胎换位

1)定期进行轮胎换位

由于前后轮受胎压、负荷、摩擦力等不同因素的影响,磨损程度会不同。轮胎换位是保证各个轮胎磨损均匀,延长轮胎整体使用寿命的重要措施。

2)换位周期

根据驾驶者不同的驾驶习惯和驾驶路线,应参照汽车自带的保养手册定期进行轮胎换位。轮胎换位间隔一般新车为 10000 km,以后每行驶 5000 km 至 1000 km 进行一次轮胎换位。

3)换位方法

随着高性能轮胎的普及,现在很多轮胎,特别是高速度级别的轮胎,往往都采用"单方向"花纹设计,即轮胎必须按照固定的滚动方向滚动,才能发挥轮胎的全部性能。这种轮胎侧面有表示滚动方向的箭头,必须保持正确的旋转方向。这种轮胎如果从左侧换到右侧,显然滚动方向就反过来了。因此,这种规定了滚动方向的轮胎,是禁止左右换位的,只能按照"同侧前后换位"操作,即左侧前后轮互换,右侧前后轮互换。

5. 备胎

备胎一般在车辆行李箱内饰下侧,如图 8.16 所示,在车辆使用过程中不参与换位。在车辆运行过程中,当轮胎出现故障,为了保证车辆运行安全,在安全的条件下,应更换备胎。备胎种类有以下3种:

1)全尺寸备胎

全尺寸备胎的规格大小与原车其他 4 条轮胎完全相同,可以用其替换任何一条暂时或已经不能使用的轮胎。

2)非全尺寸备胎

非全尺寸备胎的轮胎直径和宽度都要比其他 4 条轮胎略小,因此只能作为临时代替使用,而且只能用于非驱动轮,并且最高时速不能超过 80 km/h。

3)零压轮胎

零压轮胎又称为安全轮胎,也就是我们俗称的"防爆轮胎",业界也称为"缺气保用轮胎"。与普通轮胎相比,零压轮胎在遭到刺扎后,不会漏气或者漏气非常缓慢,能够保持行驶轮廓,胎圈也能一直固定在轮辋上,从而保证汽车能够长时间行驶或者稳定行驶至维修站。因此,装有这种轮胎的汽车不再需要携带备用轮胎,从而将备胎以另一种方式隐藏在 4 条轮胎上。

图 8.16 车辆备胎

8.3.2 任务实施

1. 任务实施准备

实训车辆 4 台、车轮挡块 16 个、车外三件套 4 套、车内四件套 4 套、轮胎花纹深度尺 4 把、轮胎气压表 4 个、车轮扳手 4 把、充气泵、举升机 4 台、轮胎清洁工具 4 套。

2. 任务实施步骤

1)轮胎检查

轮胎检查主要包含轮胎外观检查、轮胎花纹检查和轮胎气压检查等。

(1)轮胎外观检查。举升车辆,缓慢转动轮胎,检查轮胎表面是否有裂纹、割痕、扎钉、胎面鼓包,是否有金属嵌入物或其他杂物等,如图 8.17 所示为轮胎外观检查。

轮胎扎钉

轮胎鼓包

图 8.17 轮胎外观检查

(2)轮胎花纹检查。擦净轮胎花纹顶面及纹槽,如图 8.18 所示,将轮胎花纹深度尺垂直插入轮胎花纹槽,保持深度尺的测量平面与两侧花纹顶面可靠接触;观察并读取深度尺外壳顶端与标尺对齐的刻度线指示的数值,该数值即为轮胎花纹深度值(现代轿车前轮轮胎花纹深度值不得小于 1.6 mm)。

如果轮胎花纹接近轮胎磨损标记,应更换轮胎。如果经过测量,前轮轮胎比后轮轮胎花纹磨损严重,应进行轮胎换位,这样可保持汽车各个轮胎磨损基本均匀,达到延长轮胎使用寿命的目的。

 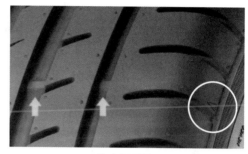

轮胎花纹的检查　　　　　　　　　轮胎磨耗标记

图 8.18　轮胎花纹检查

(3)轮胎气压检查。如图 8.19 所示,轮胎气压可用轮胎气压表进行检查。通常胎压推荐值是指轮胎在冷却情况下测得的胎压值(轮胎冷却是指停车至少 3 h 或轮胎行驶不超过 2 km 的情况)。如果只能在热胎时测量胎压,将所测得的胎压值减去约 0.03 MPa 才是轮胎冷却时的气压。

不同车辆的轮胎气压值不同,检查时应参看车辆保养手册,或在驾驶室车门(B 柱附近)、油箱盖、储物箱等标有轮胎型号的地方找到轮胎气压推荐值。检查轮胎气压后,通过在气门嘴周围涂肥皂水的方法检查轮胎是否漏气。

图 8.19　轮胎气压检查

2)轮胎换位

轮胎换位的步骤如下:

(1)拆下四个车轮。

(2)按照图 8.20 所示,将同侧车轮前后换位。

(3)安装轮胎螺栓。

(4)按照对角顺序以标准力矩拧紧轮胎螺栓。

(5)检查调整轮胎气压至标准值(各车型轮胎气压标准见油箱盖)。

(6)用刷子蘸肥皂水检查气门嘴是否漏气,如有漏气,应修理。

(7)安装轮胎螺栓防尘盖。

(8)用同样的方法检查备胎,并按照维修手册将备胎气压调整至最高值。

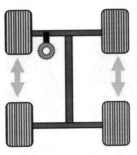

图 8.20　轮胎换位

3)更换备胎

如图 8.21 所示,更换备胎的具体步骤如下:

(1)将轮胎的螺栓拧松。

(2)用千斤顶将车辆举升。

(3)拆卸固定车轮的螺丝,逆时针方向为拧松,顺时针方向为拧紧。

(4)将汽车原有的轮胎拆下,换上备胎即可。

轮胎的螺丝拧松　　　　　千斤顶将车辆举升　　　　　检查备胎

图 8.21　更换备胎

更换备胎的注意事项:更换时要熄火,拉起手刹并挂上挡,防止车辆溜车;放置三角警示牌和开启危险报警灯;更换备胎时应对角紧固螺栓;更换备胎前应用轮胎气压表调好备胎气压;气门嘴也要对应进行更换。

使用备胎的注意事项:使用备胎应注意车速;避免长时间使用备胎;定期保养备胎;定期更换备胎;避免备胎与油品接触。

8.3.3 任务工单

轮胎的检查与换位

1. 请简述轮胎的作用。
   _____
   _____
   _____

2. 轮胎按照花纹可分为_____、_____和_____。

3. 请简述轮胎检查项目有哪些。
   _____
   _____

4. 请简述轮胎换位的方法有哪些,以及子午线轮胎如何换位。
   _____
   _____
   _____
   _____

5. 轮胎在什么情况下需要换位?
   _____
   _____

6. 检查实训车辆胎压是否正常,并做记录。　☐正常　☐不正常

7. 拍摄轮胎检查的小视频,上传至学习通。

8. 进行实训场地 8S 检查。

8.4 变速箱的维护与保养

任务描述

服务顾问接车时发现车辆的行驶里程已经超过 60000 km,需要对车辆进行行驶里程 60000 km 的保养,所以服务顾问与车间维修技师沟通安排工位,维修技师根据车辆供应商的行驶里程 60000 km 保养项目内容及要求对车辆进行保养。完成后,将车辆和任务单送回给服务顾问,最终,由服务顾问将车辆交给客户。本节工作任务为车辆行驶里程 60000 km 保养中的更换变速器齿轮油项目。

任务目标

1. 知识目标

(1)掌握变速器齿轮油液位检查的操作以及变速器齿轮油的选用标准。
(2)掌握变速器齿轮油的基本检查步骤。

2. 技能目标

(1)能独立检查变速器油。
(2)能按规定定期更换自动变速器油。

3. 素质目标

(1)树立安全操作意识、8S 意识。
(2)培养职业规范意识。
(3)培养人际沟通能力和团队协作意识。

8.4.1 知识储备

1. 变速器油更换的必要性

变速器使用的润滑油为齿轮油,随着使用时间的增长,齿轮油会逐渐变质,润滑性能变差,因此,定期更换齿轮油非常必要。

2. 变速器油更换的周期

手动变速器齿轮油的更换周期一般为每行驶里程 40000 km 或 2 年,自动变速器油的更换周期一般为每行驶里程 80000 km 或 4 年。具体以不同厂家规定周期为准。

3. 变速器油的选用

1)手动变速器齿轮油的选用

手动变速器齿轮油的选用需根据使用性能和黏度等级两个重要参数进行选择。

(1)按使用性能选择。美国石油学会(简称 API)将齿轮油按使用性能分为 GL-1、GL-2、GL-3、GL-4、GL-5、和 GL-6 六类,性能水平顺序逐级提高。其中,使用较多的是 GL-4 和 GL-5 两类。目前国内轿车多采用 GL-4 和 GL-5 齿轮油,如图 8.22 所示。

(2)按黏度级别选择。齿轮油按 SAE(美国机动车工程师学会)对黏度的要求分为 75W、80W、85W、90W 和 140W 五个级别,分别适用于最低气温为 -40℃、-20℃、-12℃、-10℃ 和

图 8.22 变速器齿轮油

10℃的地区,号数越大,黏度越高。在汽车中实际使用的齿轮油为多黏度级别齿轮油,即一年四季通用型,常用的有 75W/90、80W/90 和 85W/90 等几种型号。

2)自动变速器油的选用

自动变速器油简称 ATF(automatic transmission fluid),是专门用于自动变速器的油液,一般为浅红色液体。早期的自动变速器没有专用油,而是用发动机油代替。由于工作状况和技术要求差异很大,所以用发动机油作为自动变速器油的方法很快被淘汰。如今使用的自动变速器专用油既是液力变矩器的传动油,又是行星齿轮结构的润滑油和换挡装置的液压油。

自动变速箱油更换时尽量选用原厂的 ATF,不能错用、混用自动变速器油。汽车保养手册上使用何种型号 ATF,更换时应保持一致。不同型号的 ATF,摩擦系数会不同。某些汽车厂家根据汽车变速器的技术指标设计出有针对性的 ATF,使用这样的 ATF 可以保持变速器良好的机械性能,延长使用寿命。

8.4.2 任务实施

1. 任务实施准备

实训车辆 4 台、车轮挡块 16 个、车外三件套 4 套、车内四件套 4 套、常用工具 4 套,安全性能良好的车辆举升设备 4 套;GL-5 型齿轮油 4 桶(约 1L/桶);自动变速器油 3 桶,变速器齿轮油加注器 1 只、废油收集器 1 只;通用工具 4 套,油液吸出器 4 只。

2. 任务实施步骤

1)手动变速器齿轮油的检查

手动变速器齿轮油检查的具体步骤如下:

(1)将车辆举升至最高位置。

(2)清除加油口周围的污渍,拧下加油螺塞,要求齿轮油液面与加油口下边缘齐平,或将手指插入加油口,以能探到油面为准。

(3)取出少许齿轮油,观察油液是否颜色变深、浑浊,是否有金属屑等;闻一闻气味,要

求齿轮油不得有烧焦的异味。

（4）按规定力矩拧紧加油螺塞。

2）自动变速器油的检查

自动变速器齿轮油检查的具体步骤如下：

（1）发动机暖机运行，使油温预热到 70～80 ℃，踩下制动踏板，将变速杆操纵手柄从"P""R""N""D""2"换到"1"运行后，再将操纵手柄推至"P"位置，每个挡位至少停 2 s 以上，以便让油液充分循环，如图 8.23 所示。

（2）检查自动变速器油液位，液位应在规定值范围内。

 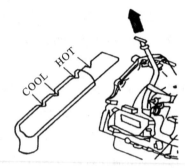

图 8.23　自动变速器油液位检查

3.手动变速器齿轮油的更换

更换手动变速器齿轮油的具体步骤如下：

（1）将车辆举升至最高位置。

（2）拧下加油螺塞，再拆下放油螺塞，用废油收集器收集齿轮油。

（3）检查放油螺塞上是否吸附金属屑，如果有金属屑，清理后将螺栓按规定力矩拧紧。

（4）用齿轮油加注器将齿轮油加注到加油口齐平位置，如图 8.24 所示。

图 8.24　手动变速器齿轮油的更换

4. 自动变速器油的更换

更换自动变速器齿轮油的具体步骤如下：

(1) 将车辆举升至最高位置，将自动变速器放油螺塞拧下，放出油液后，再将放油螺塞拧紧。

(2) 将车辆下降至低位后，将自动变速器油按标尺加注到规定位置，然后启动车辆并预热自动变速器油 10 min 左右，期间不断变换换挡手柄位置，使齿轮油充分循环。

(3) 放出自动变速器油，然后再加入新的油液，如此反复 2～3 次，直到放出的油液与新加入的油液颜色相同，通过多次的加注与更换，将储存在液力变矩器、变速器、离合器、制动器中的油液排放出来。

(4) 预热变速器齿轮油到正常温度（70～80℃）后，调整液面高度至正常标尺位置，如图 8.25 所示。

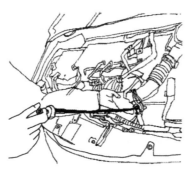

图 8.25　自动变速器油的更换

8.4.3 任务工单

变速器油的检查更换

1. 变速器油的作用有哪些？

2. 自动变速器油主要有哪些类型？

3. 是否所有自动变速器都需要更换变速器油，请简述自动变速器油更换的步骤。

4. 请简述手动变速器油主要有哪些类型？

5. 检查实训车辆变速器油液位是否正常，并做记录。　☐正常　☐不正常

6. 拍摄变速器油检查的小视频，上传至学习通。

7. 进行实训场地 8S 检查。

8.5 转向助力液的维护与保养

任务描述

服务顾问接车时发现车辆的行驶里程已经超过 60000 km，需要对车辆进行每行驶里程 60000 km 的保养，所以服务顾问与车间维修技师沟通安排工位，维修技师根据车辆供应商的每行驶里程 60000 km 保养项目内容及要求对车辆进行保养。完成后，将车辆和任务单送回给服务顾问，最终由服务顾问将车辆交给客户。本节工作任务为车辆每行驶里程 60000 km 保养中的更换转向助力液项目。

任务目标

1. 知识目标

(1) 掌握液压转向助力液定期更换的相关知识。

(2) 掌握液压转向助力液的定期更换和排气操作方法。

2. 技能目标

(1) 能对液压转向助力系统进行油液更换和排气。

(2) 能根据液压转向助力液的选用标准选用转向液。

3. 素质目标

(1) 树立安全操作意识、8S 意识。

(2) 培养职业规范意识。

(3) 培养人际沟通能力和团队协作意识。

8.5.1 知识储备

1. 转向助力液的更换周期

转向助力液又称动力转向油或液压油，通过液压作用，使方向盘变得非常轻巧。汽车生产厂商一般不会严格规定转向助力油的更换周期，保养时大多以检查为主。为了防止转向助力液过脏或变质，一般情况下为每两年或每行驶里程 40000 km 更换一次即可。

2. 转向助力液的选用标准

生产商虽然未严格规定转向助力油的更换周期，但部分生产厂商是会注明转向助力液的选用标准，或者向销售商提供相应的转向助力液。如图 8.26 所示为比亚迪汽车专用的转向助力液和一汽大众奥迪汽车专用的转向助力液。

图 8.26　专用转向助力液

除此之外,还有一些大品牌的石油产品公司也会生产专用于转向助力系统的液压油,如道达尔石油化工公司生产的转向助力液。

3. 转向助力液液面高度检查

转向助力液液面高度检查的具体步骤如下:

(1)将车辆停放在平坦的地面上,使车轮处于直行位置。

(2)启动发动机,使其达到正常工作温度。

(3)使发动机怠速运转大约 2 min,再向左、右分别打几次转向盘,待转向助力液温度达到 40～80℃,关闭发动机。

(4)观察储液罐的液面,此时液面应处于最大刻度线(MAX)与最小刻度线(MIN)之间,液面低于最小刻度线(MIN)线时,应补加至最大刻度线(MAX),如图 8.27 所示。

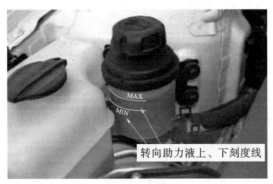

图 8.27　检查转向助力液液面高度检查

4. 转向助力液的更换及转向助力系统排气

1)转向助力液的更换

如图 8.28 所示,转向助力液更换的具体步骤如下:

(1)将车辆停放在坚实的平直路面上,启动车辆运行,使储液罐内的转向助力液达到正常的工作温度。

(2)将发动机熄火,打开加油塞,用专用工具将储液罐内的油液全部抽出,然后加入新的转向助力液,并使其达到正常液面。

(3)运行发动机,向左、向右打方向盘到极限位,使转向助力液充分流动,达到正常转向助力液温度时,停止发动机运行。

(4)将发动机熄火,打开加油塞,再用专用工具将储液罐内的油液全部抽出,然后加入新的转向助力液,使其达到正常液面,继续运行发动机。

(5)重复上述过程2～3次,当储液罐内的转向助力液颜色同新油液接近时,调整液面高度至正常液面位置。

图8.28 转向助力液的更换

2)转向助力系统的排气

转向助力系统排气的具体步骤如下:

(1)将车辆停放在坚实的平直路面上,启动车辆运行,使储液罐内的转向助力液达到正常的工作温度。

(2)运行发动机,转动方向盘,向左、向右打方向盘到极限位,停留5秒,就能将助力系统中的气体放出。

(3)放气操作完毕后,注意检查调整储液罐中转向助力液的液面。

8.5.2 任务实施

1.任务实施准备

实训车辆4台、车轮挡块16个、车外三件套4套、车内四件套4套、常用工具4套,安全性能良好的车辆举升设备4套;转向助力液4桶(约1L/桶);通用工具4套,油液吸出器4只。

2.任务实施步骤

更换转向助力液的具体操作步骤如下:

(1)抽油:启动发动机,使用抽油器将油液抽干净。

(2)清洗:加入新的转向助力液,反复打方向,将清洗过的转向助力液抽走,并重复2～3次。

(3)加油:加入转向助力液到规定液位,并反复打方向,然后检查液位并补充添加,直到液位正常。

8.5.3 任务工单

转向助力液的检查更换

1. 转向助力液的作用有哪些?
   _____
   _____
   _____

2. 请简述更换转向助力液的步骤。
   _____
   _____
   _____
   _____

3. 请简述转向助力液液位检查步骤。
   _____
   _____
   _____
   _____

4. 检查实训车辆转向助力液液位是否正常,并做记录。　☐正常　☐不正常
5. 拍摄转向助力液检查的小视频,上传至学习通。
6. 进行实训场地8S检查。

第 9 章　汽车电气设备的养护

教学目标

(1) 能够熟练更换空调滤清器。

(2) 掌握雨刮器的使用方法。

(3) 能够熟练更换雨刮器。

(4) 掌握灯光的使用方法。

9.1　空调滤清器的更换

任务描述

李先生最近发现汽车开空调时有异味,于是将汽车开到 4S 店进行检查。李先生说汽车已经 4 年没有更换过空调滤清器了,维修技师判断可能是空调滤清器太脏导致空调有异味。如果你是维修技师,该如何完成车辆空调滤清器的更换?

任务目标

1. 知识目标

(1) 了解空调滤清器的作用。

(2) 了解空调滤清器的保养周期。

2. 技能目标

能够按照规范流程完成空调滤清器的更换。

3. 素质目标

(1) 树立安全操作意识、8S 意识。

(2) 培养职业规范意识。

(3) 培养人际沟通能力和团队协作意识。

9.1.1 知识储备

1. 空调滤清器的作用

空调滤清器俗称花粉滤清器,作用是过滤从外界进入车厢内部的空气,使空气的洁净度提高,保护车内人员的身体健康。一般的过滤物质是指空气中所包含的杂质、微小颗粒物、花粉、细菌、工业废气和灰尘等。空调滤清器如图9.1所示。

图9.1 空调滤清器

2. 空调滤清器的位置

不同的车型空调滤清器的位置有所不同,主要有两种:

(1)一些车型空调滤清器在前挡风玻璃下面,被一个导流水槽盖住。在更换空调滤清器前,先把发动机舱盖掀开,取下固定流水槽的卡子,拆下流水槽,就可以看见空调滤清器了,如图9.2所示。

(2)大部分家用轿车的空调滤清器位于副驾驶侧前挡风玻璃下的储物箱后方,只需将储物箱取下,就会看见里面的空调滤清器,如图9.3所示。

图9.2 空调滤清器位置(前挡风玻璃下面)　　图9.3 空调滤清器位置(储物箱后方)

3. 空调滤清器的更换周期

目前,大部分车型厂家建议空调滤清器每行驶里程20000 km更换一次,具体更换情况因环境而异。更换新的空调滤清器时一定要注意空调滤清器上的指示方向,如图9.4所示,该方向表示空气流动的方向。

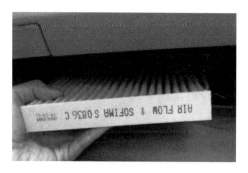

图 9.4　空调滤清器安装时注意方向

9.1.2　任务实施

1. 任务实施准备

实训车辆 4 台、车轮挡块 16 个、车外三件套 4 套、车内四件套 4 套、手电筒 4 个、新空调滤清器 4 个。

2. 任务实施步骤

1）空调滤清器的更换

更换空调滤清器的具体步骤如下：

(1)打开副驾驶侧储物箱,如图 9.5 所示。

(2)储物箱左右有两个卡扣,如图 9.6 所示。只有将左右两个卡扣从卡槽中脱离出来,才能将储物箱拆下来。双手按住储物箱的边缘,由外向内按压,使两个卡扣脱离卡槽,即可拆下储物箱。

图 9.5　储物箱　　　　　　　　　　图 9.6　储物箱卡扣

(3)放倒储物箱后即可见到滤芯的挡板,滤芯挡板有两个卡扣,位置如图 9.7 所示,同时按下这两个卡扣就能将挡板拆下来。

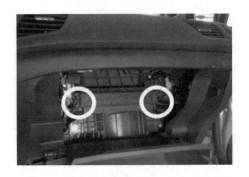

图9.7 滤芯挡板卡扣

(4)取出旧的空调滤清器,如图9.8所示。

图9.8 取出旧空调滤清器

(5)按照维修手册上的要求安装新的空调滤清器,注意"箭头"方向,如图9.9所示。

图9.9 安装新的空调滤清器

(6)安装空调滤清器挡板,将两个卡扣安装到位,并安装储物箱,如图9.10所示。

图 9.10　安装空调滤清器挡板及储物箱

（7）取下翼子板布、格栅布，关上发动机舱盖，将车驶离工位，并做好 8S 检查。

9.1.3 任务工单

空调滤清器的更换

1. 请简述空调滤清器的作用。
   _____
   _____
   _____

2. 空调滤清器的更换周期是_____。

3. 请说出下图中空调滤清器上箭头的含义。

   _____

4. 请简述更换实训车辆空调滤清器的步骤。
   _____
   _____
   _____
   _____
   _____

5. 实训车辆空调滤清器的位置在哪里?
   _____
   _____

6. 拍摄空调滤清器更换的小视频,上传至学习通。

7. 进行实训场地 8S 检查。

9.2 雨刮器的使用与养护

任务描述

车主李先生在开车途中发现前挡风玻璃上出现污渍,遮挡行车视线,影响行车安全,故使用雨刮器配合玻璃清洗液喷洗前挡风玻璃,但每次刮动后会有残留水渍,无法将前挡风玻璃清洗干净,经检查发现雨刮器已老化。如果你是维修技师,怎样才能教会李先生自行更换雨刮器?

任务目标

1. 知识目标

(1) 掌握雨刮器的作用及使用方法。
(2) 掌握雨刮器的使用注意事项。

2. 技能目标

(1) 能够正确检查雨刮器的功能。
(2) 能够按照标准规范进行雨刮器的更换。

3. 素质目标

(1) 树立安全操作意识、8S 意识。
(2) 培养职业规范意识。
(3) 培养人际沟通能力和团队协作意识。

9.2.1 知识储备

1. 雨刮器作用

雨刮器俗称刮水器,作用是清除风窗玻璃上的雨水、雪和尘土,以确保驾驶员具有良好的能见度,保障汽车行驶的安全性。目前汽车上广泛使用的是电动雨刮器,有的车型前挡风玻璃处和后挡风玻璃处均有雨刮器,如图 9.11 所示。

图 9.11 雨刮器

2. 雨刮器的使用

雨刮器由雨刮器组合开关进行控制,开关一般位于汽车方向盘下方,转向柱右侧位置,如图9.12所示。雨刮器一般有MIST(点动)、INT(间歇)、LO(低速)、HI(快速)4个挡位,有的车型还增加了AUTO挡位。雨刮器的具体使用操作如下:

图 9.12　雨刮器开关及档位

(1)喷水操作:将雨刮器拨杆向后拉,喷水器喷出玻璃水进行清洁,雨刮摆动。

(2)MIST(点动):从OFF挡向上拨动一挡,拨一下刮一下,松开手柄后,手柄会自动回到原始位置。

(3)OFF(关闭):将雨刮器拨至OFF挡,雨刮器停止摆动。

(4)INT(间歇):从OFF挡向下拨动一挡,雨刮器进行间歇刮水。

(5)LO(低速):从OFF挡向下拨动两挡,雨刮器进行慢速刮水。

(6)HI(快速):从OFF挡向下拨动三挡,雨刮器进行快速刮水。

有的车型有AUTO(自动)挡,该挡位下雨刮器可通过汽车挡风玻璃前端的雨量传感器判断雨量的大小,从而调节刮水的速度。传感器的灵敏度可以通过拨杆中间的雨量感应敏感度调节旋钮进行调节。

3. 雨刮器使用注意事项

如果平时不注意保养,雨刮器也会出现问题,为雨雾天气行驶埋下安全隐患。只有对雨刮器进行正确保养,才能保持驾驶视野清晰。

(1)避免雨刮器干刮。一些车主在行车前经常用雨刮器清理玻璃上的灰尘杂物,不喷水就干刮,很容易对雨刮器胶条造成损伤。在清理玻璃上的灰尘之前最好先喷水,当玻璃足够湿润之后再启动雨刮器。

(2)保持雨刮器清洁。汽车挡风玻璃上或者雨刮条上不小心沾上油渍时,雨刮器的清洁能力会大打折扣。如果发现玻璃上有油渍,最好用玻璃清洗液擦拭雨刮条和玻璃。

(3)定期检查雨刮器。应定期检查不同挡位下雨刮器是否保持一定速度运行。检查雨刮杆是否存在摆动不均匀或漏刮的现象。如果雨刮器未正常工作,则意味着雨刮条可能损坏,需要更换。另外,雨刮器工作时,如果声音过大表示雨刮条过分压向玻璃,应当适当调校。

9.2.2 任务实施

1. 任务实施准备

实训车辆 4 台、车轮挡块 16 个、车外三件套 4 套、车内四件套 4 套、雨刮器 4 套。

2. 任务实施步骤

1）喷水器检查

检查喷水器的具体步骤如下：

(1) 检查玻璃水液位,液位必须达到工作要求。

(2) 启动发动机,检查喷水器喷洒压力是否足够。

(3) 检查喷水器的喷洒区是否集中在雨刮器工作范围内,必要时进行调整,如图 9.13 所示。

图 9.13 喷水器的喷洒区

2）雨刮器工作检查

检查雨刮器是否能正常工作时,需注意对以下方面的检查：

(1) 启动发动机,打开雨刮器开关,检查每一支雨刮是否正常工作。

(2) 检查雨刮器各个挡位功能,包括 MIST（点动）、INT（间歇）、LO（低速）、HI（快速）4 个挡位。

(3) 停止位置检查。检查当雨刮器开关关闭时雨刮器是否自动停在其停止位置,即检查刮水片静态位置,如图 9.14 所示。

图 9.14 雨刮器停止位置检查

(4)刮刷效果检查。喷洒喷洗液,检查雨刮器的刮刷效果,如图9.15所示。

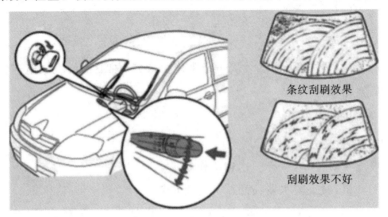

图 9.15　雨刮器刮刷效果检查

3)雨刮器的更换

雨刮器可分为有骨雨刮器和无骨雨刮器。现今,大部分车辆使用的都是无骨雨刮器。现以大众宝来轿车的雨刮器更换过程为例,介绍更换雨刮器的步骤。

(1)将刮水臂运行至"保养/冬季位置",在点火开关关闭后10 s内将雨刮器操纵杆运行至"点动刮水"位置。

(2)向上拉起刮水臂。为了防止刮水臂下落砸到风窗玻璃,操作前可以在风窗玻璃上放置一块大毛巾。

(3)按下按键,沿箭头方向从刮水臂中拉出固定件,如图9.16所示。

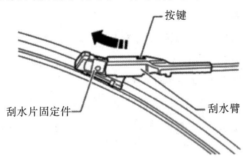

图 9.16　拆卸雨刮器

(4)将新的刮水片固定件推入刮水臂中,直至听到卡止的声音(按键需牢固地嵌入刮水臂中)。

(5)小心将刮水臂放回到风窗玻璃上。

(6)将刮水臂运行到停止位置。

注意:多数车型的驾驶员侧和副驾驶侧的刮水片长度不同(驾驶员侧长一些),不可混淆装配。

9.2.3 任务工单

雨刮器的使用与养护

1. 请简述雨刮器的作用。
   _____
   _____

2. 请简述雨刮器的使用注意事项。
   _____
   _____

3. 有些车型雨刮器的拨杆上有"AUTO"字样,简述它的含义和功能。
   _____
   _____

4. 根据下图,填写雨刮器各功能开关的含义。

   _____
   _____
   _____

5. 拍摄雨刮器使用操作的小视频,上传至学习通。
6. 拍摄雨刮器更换的小视频,上传至学习通。
7. 进行实训场地 8S 检查。

9.3 灯光系统的使用与养护

任务描述

客户李先生的车行驶了 40000 km,车主最近发现夜间行车时车灯的照明亮度不够,到 4S 店检查后发现大灯的近光灯存在问题,请按照企业规范要求和汽车专业"1+X"技能等级证书技能培养要求,完成对车辆灯光系统的维护。

任务目标

1. 知识目标

(1) 掌握各类灯光的含义和使用场景。

(2) 掌握各类灯光的检查方法。

2. 技能目标

(1) 能够正确操纵车辆灯光开关。

(2) 能够按照标准规范进行车辆灯光的检查。

3. 素质目标

(1) 树立安全操作意识、8S 意识。

(2) 培养职业规范意识。

(3) 培养人际沟通能力和团队协作意识。

9.3.1 知识储备

为了保证汽车的行驶安全,汽车上都装有多种照明设备和灯光信号装置,汽车灯光不仅能在光线不足的情况下提供照明,还能起到警示的作用。根据相关统计,60%的交通事故是因为视线不清而造成的。所以从维护自身安全利益的角度出发,我们一定要高度重视汽车车灯的保养和正确使用,切勿因为轻视或疏忽酿成事故。

1. 灯光

1) 外部灯光

(1) 示宽灯。示宽灯也称小灯,在汽车前面两侧边缘。用于表明汽车夜间行驶或停车时的宽度轮廓。

(2) 牌照灯。牌照灯用于照亮车辆牌照,要求夜间在车后 20 m 处能看清牌照号码。牌照灯装在车辆尾部牌照的上方或左右两侧,灯光为白色,灯泡功率为 8~10 W。规定要求牌照灯必须与小灯共用一个开关控制。

(3)前照灯。前照灯俗称"大灯",包括远光灯和近光灯。

近光灯:主要是照亮近距离的前方道路。在夜晚和凌晨天色较暗时开车,务必要打开近光灯;在大雾、下雪或者大雨天气等视线不佳的时候,即使是白天也有必要打开近光灯;在一些灯光设备照明不佳的路面行车时,也应该打开近光灯。

远光灯:能够照亮较远距离的道路。在夜晚行车的时候,如果对面没有车辆行驶或者在有隔离带的道路上行驶,可以使用远光灯。需要注意的是,在没有隔离带的道路上会车的时候,要在相距 150 m 左右的情况下减速,并将远光灯变为近光灯。

(4)雾灯。如图 9.17 所示,雾灯的位置一般比较低,其穿透性较强,当遇到大雾、大雨、暴雪等极端天气,视线不清的时候,它可以帮助驾驶员提高能见度,并能保证使对面来车及时发现己方车辆,以采取措施,这样才能保证汽车行驶的安全。

图 9.17 雾灯

(5)转向灯。如图 9.18 所示,转向灯在汽车前后或侧面,用于在汽车转弯时发出明暗交替的闪光信号,使前后车辆、行人、交警了解其行驶方向。转向灯工作时频闪,颜色一般为黄色。

图 9.18 转向灯及开关

(6)制动灯。如图 9.19 所示,制动灯位于汽车后方,用于在汽车制动或减速停车时,向车后发出灯光信号,以警示随后车辆及行人。

图 9.19　制动灯

(7)倒车灯。倒车灯位于汽车尾部,用于照亮车后路面,并警告车后的车辆和行人,该车正在倒车,提高倒车的安全性。

(8)危险警报灯。危险警报灯俗称"双闪灯",是一种提醒其他车辆与行人注意自车发生了特殊情况的信号灯。

(9)日间行车灯。日间行车灯,顾名思义,就是白天行车时用的灯,一般安装在车身前部,用于在白天行车时让其他人认出自车,属于信号灯的一种。通常,当汽车配备日间行车灯时,日间行车灯会在汽车启动的同时自动点亮,无论灯开关在哪个位置,日间行车灯都会自动点亮,无须任何额外操作。

2. 内部灯光

(1)阅读灯。阅读灯安装在汽车内部的驾驶座顶和后座中间,便于在车内需要照明时用。

(2)门控灯。门控灯开关处于门控位置时,若开启车门或从点火开关上拔出点火钥匙,门控灯立即自动打开。关闭车门后 20 s 左右,门控灯关闭,闭锁车辆或打开点火开关后,门控灯关闭。

(3)储物箱和后备箱照明灯。储物箱及后备厢照明灯位于储物箱和后备箱内,当打开或关闭前排乘员侧储物箱及后备厢时,其内的照明灯会自动打开或关闭。

3. 灯光开关

灯光开关包括灯光组合开关、危险警报灯开关和阅读灯开关等。

1)灯光组合开关

灯光组合开关是控制照明灯和信号灯的装置,包括车灯控制开关、雾灯开关和转向信号灯开关,常见的有拨杆式灯光组合开关(一般安装在方向盘左前方转向柱上)和旋钮式灯光组合开关(一般在方向盘左侧的仪表板上,用左手操作)。

2)危险警报灯开关

危险警报灯开关也称双闪开关,一般在仪表板中间的位置,标识为红色三角形,如图 9.20 所示。

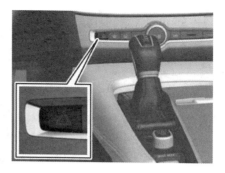

图 9.20　危险警报灯开关

3)阅读灯开关

阅读灯开关位于汽车驾驶座顶棚和后排顶棚中间位置。

9.3.2　任务实施

1. 任务实施准备

实训车辆 4 台、车轮挡块 16 个、车外三件套 4 套、车内四件套 4 套。

2. 任务实施步骤

1)外部灯光的检查

车辆灯光检查应由两人配合完成,一人在驾驶室内操纵灯光开关,同时检查开关、仪表、警报灯、室内灯的使用状况;另一个人在车外前后、左右观察不同灯光的工作情况,并通过手势与室内人员沟通。

(1)示宽灯检查。如图 9.21 所示,将灯光总开关置于示宽灯位置,观察车辆示宽灯是否正常点亮,同时观察牌照灯是否同步点亮。

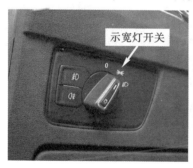

图 9.21　前部示宽灯的检查

(2)近光灯的检查。如图 9.22 所示,将灯光总开关打至近光灯位置,检查车辆前部近光灯是否正常点亮,同时观察仪表盘近光灯指示标是否正常点亮。

图 9.22　近光灯的检查

(3)远光灯的检查。如图 9.23 所示,将灯光总开关打至近光灯位置,向前将拨杆推到远光灯位置,检查车辆前部远光灯是否正常点亮,同时观察仪表盘远光灯指示标是否正常点亮。

图 9.23　远光灯的检查

(4)前雾灯的检查。如图 9.24 所示,将灯光总开关置于示宽灯位置,打开前雾灯开关,观察前雾灯是否正常点亮。

图 9.24　前雾灯的检查

(5)后雾灯的检查。如图 9.25 所示,将灯光总开关置于示宽灯位置,打开后雾灯开关,观察后雾灯是否正常点亮。

图 9.25　后雾灯的检查

（6）左转向灯的检查。如图 9.26 所示，将点火开关置于 ON 位置，向下拨动转向开关置于左转向位置，观察左侧转向信号灯（前、中、后）是否正常闪烁，同时观察仪表盘左转向指示灯点亮状况。将转向盘复位，检查转向开关是否能自动回位。

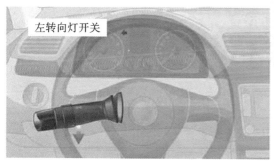 

图 9.26　左转向灯的检查

（7）右转向灯的检查。如图 9.27 所示，将点火开关置于 ON 位置，向上拨动转向开关置于右转向位置，观察右侧转向信号灯（前、中、后）是否正常闪烁，同时观察仪表盘右转向指示灯点亮状况。将转向盘复位，检查转向开关是否能自动回位。

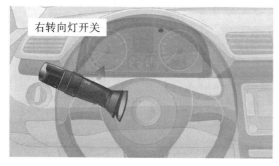 

图 9.27　右转向灯的检查

（8）危险警报灯的检查。如图 9.28 所示，按下危险警报灯开关，观察所有转向灯是否正常闪烁，同时观察仪表板上左右转向指示灯是否同步频闪。

图 9.28　危险警报灯的检查

（9）制动灯的检查。如图 9.29 所示，踩下制动踏板，观察车辆后方制动灯（含高位制动灯）是否正常点亮。

图 9.29　制动灯的检查

（10）倒车灯的检查。如图 9.30 所示，将点火开关置于 ON 位置，变速杆置于倒挡位置，观察车辆后方倒车灯是否正常点亮。

图 9.30　倒车灯的检查

2）内部灯光的检查

（1）阅读灯检查。找到开关按下即可打开阅读灯，再次按下开关则阅读灯关闭。车辆品牌不同，阅读灯的符号也不一样，但所在的位置大致相同。

（2）门控灯检查。门控灯开关共有三个挡位，"OFF"挡持续关闭门控灯；"ON"挡持续打开门控灯;"DOOR"挡也就是将开关置于中间位置时,若打开车门或关闭点火开关,门控灯会立即自动打开。关闭车门后 20 s 左右,门控灯关闭。

将门控灯开关由 OFF 挡旋至 ON 挡,观察室内照明灯点亮状况,然后再将开关置于 DOOR(车门)挡。

(3)检查储物盒及后备箱照明灯。分别打开副驾驶储物盒和后备箱,检查储物盒内和后备箱内照明灯点亮情况。

(4)仪表警示灯检查。正确启动发动机,观察所有警示灯是否同时亮起 2~3 s,在汽车电脑进行自检后,观察除驻车制动器指示灯之外的所有警示灯是否熄灭。仪表警示灯及含义见表 9-1。

表 9-1 仪表警示灯及含义

符号	含义
(!)	手刹指示灯:用来显示车辆手刹的状态。平时为熄灭状态,当手刹被拉起后,指示灯自动点亮;手刹被放下时,指示灯自动熄灭。有的车型在行驶中未放下手刹会伴随有警告音
水温	水温报警灯:用来显示发动机内冷却液的温度。车辆自检时,会点亮数秒,然后熄灭。水温报警灯常亮,说明冷却液温度超过规定值,应立刻暂停行驶;水温正常后熄灭
机油	机油压力报警灯:用来显示发动机内机油的压力状态。车辆开始自检时,指示灯点亮,启动后熄灭。该指示灯常亮,说明车辆发动机机油压力低于规定标准,需要维修
安全带	安全带指示灯:用来显示安全带是否处于锁止状态。该灯点亮说明安全带没有及时扣紧,有些车型会有相应的提示音。当安全带被及时扣紧后,指示灯自动熄灭
ABS	ABS 指示灯:用来显示 ABS 的工作状态。车辆开始自检时,该指示灯自动点亮数秒后熄灭。如果常亮,则说明 ABS 制动防抱死系统出现故障,需要维修
制动盘	制动盘指示灯:用来显示车辆制动盘磨损的状态。一般情况下,该指示灯为熄灭状态。当制动盘出现故障或磨损过度时,该灯点亮,修复后熄灭
CHECK	发动机指示灯:用来显示车辆发动机的工作状态。车辆开始自检时,该指示灯点亮,然后自动熄灭。如果常亮,则说明车辆的发动机出现了机械故障,需要维修

续表

符号	含义
	气囊指示灯:用来显示安全气囊的工作状态。车辆开始自检时,该指示灯自动点亮数秒后熄灭。如果常亮,则说明安全气囊出现故障,需要维修
	转向系统指示灯:用来显示车辆转向系统的工作状况。车辆开始自检时,该指示灯点亮,然后自动熄灭。如果常亮,则说明车辆的转向系统出现了故障,需要维修
	玻璃水指示灯:用来显示车辆所装玻璃清洁液的多少,平时为熄灭状态。该指示灯点亮时,说明车辆所装载玻璃清洁液已不足,需添加玻璃清洁液。添加玻璃清洁液后,指示灯熄灭
	车门指示灯:用来显示车辆各车门的状况。任意车门未关上,或者未关好时,会点亮相应的车门指示灯,提示车主车门未关好,当车门关闭或关好时,相应车门指示灯熄灭
	油量指示灯:用来显示油箱内储油量的多少。车辆进行自检时,该指示灯会短时间点亮,随后熄灭。若启动后该指示灯点亮,说明油箱内油量已不足,需要及时添加

9.3.3 任务工单

灯光系统的使用与养护

1.车外灯光包括哪些?
_____
_____
_____

2.车内灯光包括哪些?
_____
_____
_____

3.灯光开关包括_____、_____和_____等。

4.门控灯开关共有_____、_____和_____三个挡位。

5.危险警报灯的作用有哪些?试分析何种情况下需要使用危险警报灯?
_____
_____

6.根据下图所示写出仪表警报灯的含义。

7.检查实训车辆发动机是否正常,并做记录。　　□正常　　□不正常

8.检查实训车辆安全气囊是否正常,并做记录。　　□正常　　□不正常

9.拍摄灯光检查的小视频,上传至学习通。

10.进行实训场地 8S 检查。

参考文献

[1] 曲金玉,任国军,曲平波.汽车文化[M].北京:机械工业出版社,2022.

[2] 廖一峰,蔡兴旺.汽车概论[M].北京:机械工业出版社,2023.[3]刘雅杰.汽车文化[M].北京:清华大学出版社,2023.

[4] 袁红军,华奇.新能源汽车概论[M].北京:人民邮电出版社,2023.

[5] 崔胜民.现代汽车概论[M].北京:人民邮电出版社,2023.

[6] 庞宏磊,朱福根.智能网联汽车概论[M].北京:电子工业出版社,2022.

[7] 崔胜民,卞合善.智能网联汽车技术[M].北京:机械工业出版社,2023.

[8] 吉武俊胡勇.汽车维护与保养[M].北京:机械工业出版社,2023.

[9] 王茂美.汽车维护与保养[M].北京:机械工业出版社,2022.